調べる技術・書く技術

野村 進

講談社現代新書

1940

目次

プロローグ

あるテーマを設定し、それについて調べ、人に話を聞き、最後にまとめる技術を紹介するのが、本書のねらいである。

もっと焦点をしぼれば、ノンフィクションのテーマ設定、資料収集、インタビューのアポとりと準備、インタビュー（聞き取り、観察、記録）、ネットワーク作り、資料整理、そして執筆の準備から脱稿までの方法を、できるかぎり具体的に記したい。


なぜ、この本を書こうと思い立ったのか。

発端は、二〇〇〇年から二〇〇三年までのほぼ三年を費やした精神科病院の取材と、長編ノンフィクション『救急精神病棟』の執筆にさかのぼる。

精神科病院と言っても、旧態依然とした長期収容型の施設ではない。「精神科救急」という一般にはまだ馴染みの薄い業務を続けてきた千葉県立「千葉県精神科医療センター」が、その精神科病院である。

精神科にも救急がある。

そこに運び込まれてくるのは、統合失調症や躁うつ病、うつ病などのせいで、急に日常生活が送れなくなってしまった人たちである。

たとえば、「第三次世界大戦」勃発の危機を一人でも多くの乗客に伝えたくて、JRの駅員からマイクを奪い取り、構内放送を始めたビジネスマン。夫が別人と入れ替わり、自分を殺すつもりだと、外に飛び出して叫びつづけた主婦。遺産争いのさなかに舌を噛み切り、完全に切断してしまった（かろうじて一命はとりとめた）高校教師……。いずれも、われわれのすぐ隣にいてもおかしくない人たちが、突然かくも面変《おもが》わりしてしまう。

救急治療を要するほどの精神病に冒された人にどう対処するかは、長らく医師や看護師各人の技量に多くを依っていた。「職人芸の世界」とすら呼ばれてきた。

外科や内科に比べ、多様にして複雑きわまりない人の心を治療する精神科は、元来マニュアル化に向かない分野である。とはいえ、「救急」を標榜《ひょうぼう》する以上、治療の手際がすばやく適切でなければならない。担当する医師や看護師次第で、治療に出来不出来があってもいけない。

そこで〝標準化〟が是非とも必要になる。患者のこのような症状には、かくかくしかじかの治療の段取りを踏めば、まず大きな間違いはしなかろうというスタンダードの導入である。

言い換えると、精神科救急の現場で広く行われてきた対処法や、各々の医師・看護師が培ってきた個人技の中から、ある特定の事態に共通して使えるとみなされた技術を抽出し、誰にでもわかるように記録することだ。この作業が、精神科救急という新しいジャンルで、いままさに進められている。

ノンフィクションの手法についても、標準化できる部分はそろそろ標準化しておくべきではないか。精神科救急の取材を続けるうちに、私はそう考えるようになっていった。

ふたつの背景がある。

私自身、ノンフィクションを書きはじめて四半世紀が過ぎ、さまざまなテーマの取材と執筆を通じて、ある程度、自分なりの方法論が固まってきた点が、まずあげられる。

その一方で、私が逆にインタビューを受ける機会が増えるにつれ、かつては常識とされていた取材と執筆のルールが若い世代に受け継がれていないのではないかという危惧を覚えるようになった。インタビューを申し込んでおきながら遅刻をする。取材前の資料読みをきちんとこなしてきた形跡がない。無断でいきなり録音機器のスイッチを入れる。貸した資料をなかなか返却しない（ひどいのになると紛失する）。こちらが発言していない事柄を会話体で記す。すでに公表されている事実を、さも自分が発見したかのように書く。

掲載紙誌を送ってこない……。

編集現場も似たり寄ったりで、原稿をこちらが送稿したのに何の連絡もしてこない編集者の多いことと言ったらない。心配なので電話をすると、ちゃんと届いている。その手の編集者に私は注意することにしているが、生前の本田靖春のような筋を通すノンフィクション作家なら怒鳴りつけているところだ。

こうした振る舞いは、私がノンフィクションを書きはじめたころには、きわめて非常識な行為であった。近年、取材された側が原稿の事前チェックを要求してくるケースや取材拒否が明らかに増えてきたのは、故《ゆえ》無いことではないと思う。

いったいどうしてこんなふうになってしまったのか。

私が学生だった一九七〇年代から八〇年代にかけては、現役のジャーナリストが書いた取材論やルポルタージュ論が、当今よりずっと多かった。その肩書きが「ルポライター」であれ「新聞記者」であれ、取材をして何かを書いて発表しようとする者は、こうした書物にひととおり目を通したうえで、現場取材と執筆の体験を積み重ね、各自の方法論を編み出していった。

つまり、取材や執筆の方法論に触れる機会は、当時のほうがいまよりも頻繁にあった。書き手たちも、方法論に自覚的で、なおかつ自信を持っていたような気がする。その背後には、いまにして思えば揺るがぬ冷戦構造があったのだが、これらの方法論の多くには冷戦後の現在でもじゅうぶんに通用するものがある。

ところが、私が学生時代から読んできた取材論やルポルタージュ論の大半は絶版もしくは品切れ状態で、ネット上の古書店でも入手しにくいものが少なくない。それらのエッセンスだけでも〝復刻〟させておきたい気持ちが、私には強くある。

「ノンフィクション作家」あるいは「ノンフィクションライター」という呼称が一般に認知されるようになったのは、一九八〇年代からであろう。それよりはるか以前から、作品としてのノンフィクションは、そのテーマから表現方法まで多種多彩な進化を遂げてきた。

しかし、野球のバッティングで言うと〝フォーム〟にあたる部分は、基本的にまったく変わっていない。このフォームは、ノンフィクションを書こうとしている読者だけでなく、これから会社や大学のレポートの課題のような何かを調べて書こうとしている読者にも有用ではないか。それだけの質のものを、われわれの先達はたしかに残している。

ノンフィクションというジャンルが蓄積してきた調査と執筆の技術の中から、一般の読者にも役立つにちがいないフォームを伝えるのが、本書の最大の目的なのである。

本書での私の役割は、したがってフォームの〝伝達係〟である。私自身の独創は、ほとんどない。
独創がほとんどないのに、本など書けるものなのか。いや、書けるのである。
まずは、その話から始めよう。

※文中、敬称はすべて略させていただいた。

第一章　テーマを決める

テーマは書き尽くされているか

よく「ユニークなテーマ」という言い方をする。テーマ設定には独創性が欠かせない。そんなイメージが根強くある。

ところが、これから何かを書こうとするとき、誰もが一度は立ち止まり、しばし途方に暮れるのは、あらゆるテーマがすでに書き尽くされているのではないかと思えてくることだ。

試みに、国立国会図書館のホームページを開いてみよう。ここは、蔵書の質量ともに日本最高の図書館である。資料の検索に取りかかるやいなや、あなたが書きたいと思っているテーマでこんなにも大量の本が出版されていたのかと圧倒されるにちがいない。

東京の京王線・八幡山駅から歩いて十分ほどのところにある大宅壮一文庫には直接、足を運んでみたい。この通称「大宅文庫」は、マスメディアでの取材に携わる者なら必ず利用する雑誌専門の図書館である。

大宅文庫には、日本の主だった週刊誌や月刊誌、季刊誌などが、明治・大正期から今日に至るまで、ほぼ漏れなく揃えられ、一般人でも閲覧できるようになっている。コピー代が一枚六十円（学生は四十円）と高いのが難点だけれど、あれだけの蔵書を保管するにはやむをえまい。あなたの調べたいテーマを受付で言うか、パソコンで検索すれば、たちどころに過去の雑誌に掲載された膨大な記事のリストが出てくるだろう。

ジャンル別の図書館もある。アジアならアジア経済研究所図書館、映画・演劇なら早稲田大学坪内博士記念演劇博物館、ファッションなら文化女子大学図書館といった専門の図書館がある。

中規模の図書館でも、過去の新聞記事を渉猟しだしたら、全国紙・地方紙から業界紙・機関紙・ミニコミまできりがなく、あなたは絶望的な気分に陥るかもしれない。

だが、ここで諦めるのは早すぎる。もはや書き尽くされたかに見えるテーマでも、まったく新しい輝きを放つ可能性があるからだ。

チャップリンのステッキ

拙著『千年、働いてきました』にも書いたが、かつて『週刊朝日』の名編集長として一時代を築いた扇谷《おうぎや》正造が、〝喜劇王〟チャールズ・チャップリンの独創性を次のように評したことがある。

チャップリンの笑いは喜劇映画に革命をもたらしたと言われるが、道具立てはすべて使い古されたものばかりであった。有名な山高帽にしても、誇張したメーキャップや付け髭にしても、だぶだぶのズボンにしても、それにあのドタ靴だって、従来の喜劇でお馴染みの代物にすぎなかった。だが、チャップリンが違っていたところが、ひとつだけある。それは、ステッキを取り入れたことだ。あの一本のステッキこそ、山高帽や付け髭やドタ靴に統一感を与え、いままで見たこともないコメディアンが出現したと観客に印象づけたというのである。

テーマを決めるときには、この「チャップリンのステッキ」を見つけさえすればよい。本来の意味での「独創」ではないけれど、それまでのくすんでいた色合いががらりと変わって、鮮やかな印象をもたらすだろう。読者の側には、それが「独創」と受け取られるのである。

〝隗《かい》より始めよ〟に従えば、私が『コリアン世界の旅』の企画を立案したとき、すでに在日コリアンに関する書籍や雑誌記事は数えきれないほど世に出ていた。それこそ途方に暮れかけたのだが、やがて気づいた点がある。どれもこれも日本の中のコリアンだけを取り上げているので、結局〈日本人対コリアン〉という二項対立の袋小路に陥っている場合がほとんどなのである。

ふと浮かんだのは、ほかの国でコリアンはどのように暮らしているのだろうかという疑問であった。たとえばアメリカやベトナムで暮らすコリアンは、在日と比べてどう違うのか。

実のところ、在米コリアンに関する論文や単行本もアメリカで数多く発表されていた。しかし、ベトナム在住のコリアンのことも日本の新聞やテレビが断片的に報じていた。しかし、彼らを在日と結び付けて考える試みは、私の調べたかぎり皆無に近かった。

そこで、在日を中心に据えながら、在日以外の海外定住コリアンについて詳細に報告すれば、在日を世界の中に位置づけ、〈日本人対コリアン〉の図式にいくらかなりとも風穴が開けられるのではないかと考えたのである。口幅ったい言い方になるが、これが『コリアン世界の旅』の企画にとって「チャップリンのステッキ」になったような気がする。

見慣れたテーマが〝化学反応〟を起こす

近年話題になったノンフィクション作品を例に、「チャップリンのステッキ」を見ていこう。

NHKディレクター・高木徹の『ドキュメント戦争広告代理店』は、ユーゴスラビア崩壊後のボスニア紛争の際、アメリカがコマーシャリズムの発想と手法を駆使して、セルビア側を一方的な悪玉に仕立てていった経緯を、徹底した取材によって浮かび上がらせている。それによると、セルビアのナチス的なイメージを決定づけた「民族浄化」という言葉は、アメリカのPR会社の社員が案出したキャッチコピーで、セルビアが「強制収容所」を建設したという誤報と共に全世界に流布し、アメリカの反セルビア戦略を後押ししたのだという。

ボスニア紛争のみでは、日本人の関心を惹《ひ》くテーマにはならない。そこに、一見まるで無関係な「広告代理店」が加わることで、われわれにとってのボスニア紛争の像は劇的に変わる。この作品では、戦争の裏で動くPR会社の存在が「チャップリンのステッキ」になった。

ちなみに、一九九一年の湾岸戦争における石油まみれの海鳥の写真や、イラク兵にわが子を虐殺されたと訴えるクウェート人の母親の映像も、ずいぶんあとになってから、アメリカ側が意図的に演出もしくは捏造《ねつぞう》し、世界に流したものだと明らかにされている。イラク戦争でも、同様の手口が使われてきた可能性は高い。

別の話題作も、例にあげてみよう。

ノンフィクション作家・溝口敦の『食肉の帝王』は、週刊誌での連載時から大きな反響を呼んだ作品である。食肉業界最大手のひとつ「ハンナングループ」を率いる浅田満が、いかにして巨富をなし、政財界や官僚組織に食い込み、組織暴力団とも密接な連携を保ちながら絶大な影響力を持つに至ったか。そのことがスキャンダルになった「牛肉偽装事件」にどう結び付いていったかを、無用な配慮を一切せずに描き出している。

周知の通り、食肉業界の内幕は、同和問題との絡みで、日本のマスメディアにおいてはタブー中のタブーとみなされてきた。だから、大部数を誇る週刊誌がこのテーマを取り上げたこと自体が画期的なのだが、ネットや図書館などで検索してみれば、食肉業界と同和問題について書かれた文献なら相当数にのぼることがわかる。

だが、「無用な配慮を一切せず」に記されたものは、非常に少ない（私は同和問題への配慮が無用だと言っているのではない、念のため）。タブーとされているテーマに取り組もうとするとき、書き手は取材の段階から無意識のうちに及び腰になりがちなのである。私の知るかぎり、食肉業界と政・財・官、さらに暴力団や芸能界・スポーツ界との相関関係を、ここまで実証的に書いたレポートはなかった。この相関関係が「チャップリンのステッキ」にあたり、溝口の作品をインパクトのあるものにしている。

ボスニア紛争も日本の食肉業界も、それだけでは読者の注目を集めなかったにちがいない。そこに「広告代理店」や「政・財・官、暴力団などとの相関関係」が組み込まれたことにより、見慣れたテーマがいわば〝化学反応〟を起こして、読者を惹きつける題材に一変する。その触媒こそ「チャップリンのステッキ」と言ってもよい。

つまり、いざ何かを書こうと思い立っても、すべてのテーマはすでに表現し尽くされているかに見えるが、決してそうではない。完全に独創的なテーマなど、滅多にありはしないものだ。また、それを追い求めると、自縄自縛《じじようじばく》に陥って取材も何もできなくなるおそれがある。そこで方向転換をして、自分なりの「チャップリンのステッキ」にあたるものを見つけるようにすればよい。

ただし、絶対に不可欠な条件がある。「自分なり」の「自分」とは何か、それを突き詰めて考えておくことである。

私とアジア

これを書かなければ、死んでも死に切れない。このことを書きさえすれば、いつ死んでもかまわない。そういう切実なテーマがある人は、書き手として幸せである。

だが、そんな人は、ごくごく稀であろう。

漠然と書きたいことはあるけれど、どこから取りかかればよいのかわからない方が大半ではなかろうか。

私の場合、アジアについて書いてみたいと、大学に入ったころから何となく考えるようになっていた。

とはいえ、アジアを巡る時代背景が現在とはまったく違うので、簡単に説明しておこう。

私が高校を卒業した年、一九七五年にサイゴンが陥落し、果てしなく続くかに思われたベトナム戦争がようやく終わった。いまの小学生がイラク戦争のニュースをおそらくこれから何年も聞かされなければならないように、私の小・中・高時代にはベトナム戦争のニュースがつねにどこかで流れていた。

ベトナム戦争に対する関心には、個人的な理由もある。亡父がソ連関係の通信社に勤めていたため、ジャーナリズムへの興味が比較的早くから芽生えていた。小学生のくせに、ドキュメンタリー写真やドキュメンタリー映画を観るのが大好きな子供なのだった。

また、当時住んでいた東京・府中市の自宅近くに米軍基地があり、駐屯地の集合住宅に住む米兵の妻たちに母が生け花を教えていた。私もときどき連れていかれ、「今度クラークさんのご主人がベトナムに行くらしい」といった会話に、子供ながら不安を覚えたものだ。

しかし、ベトナム戦争への関心の奥底にあったのは、母の兄弟二人がビルマとタイで戦死（正確に言えば弟は戦病死）した事実と、父の四年半に及ぶシベリア捕虜収容所での抑留体験であったろう。戦争が我が家に影を落としていることに、私は物心ついたころから気づいていた。

ベトナム戦争終結当時、韓国・フィリピン・インドネシアは軍事独裁政権下にあり、タイでも頻繁に軍事クーデターが起きていた。アジアのイメージは、ひとことで言えば「混沌と停滞」で、今日のような経済発展を予想する専門家は絶無と言っても過言ではなかった。「ベトナムの次はタイかフィリピンか」と言われた時代である。ベトナム・ラオス・カンボジアに引き続き、タイやフィリピンも社会主義化するのではないかと、マスメディアでは真剣に議論されていた。

かたや日本は、高度経済成長が終わったあとの、「バーンアウト」とも「真空状態」とも言える時期を迎えていた。私の入学した上智大学に限らず、キャンパスには大学紛争の残り火すらなく、虚無感と倦怠感が漂っていた。この空気はいまもあまり変わっていないのではないかと、最近いくつかの大学で教えるようになって実感している。「閉塞感」という言葉は、そのころからしきりに囁《ささや》かれていた。

いまと大きく違うのは、アジア、とりわけ東南アジアに目を向ける学生がほとんどいなかった点だ。第一、アジアに関する本が、現在とは比べものにならぬほど少なかった。中国・朝鮮関係はまだしも、フィリピンとなると戦記物ばかり。大型書店に「フィリピン」のコーナーが設けられることなど夢想だにしなかった。

偶然か意志か

私が大学一、二年のとき、最も愛読していたアジアの作家は、魯迅《ろじん》と金芝河《キムジハ》である。魯迅は『阿Q正伝』で知られる中国革命前の作家、金芝河は韓国の軍事独裁政権を批判して死刑を宣告され獄中にあった詩人だが、この二人の作品がいまや若い世代にまったくと言ってよいほど読まれなくなった現実が、日本人のアジア観の激変を物語っている。金芝河は、韓国では何やら〝オカルト・マニア〟のごとくみなされているようだ。

こうしたアジアに関する書物の輪読会を大学の友人たち四、五人と開いていたのだが、アジアに留学したのは結局、私一人きりであった。彼らと私とを分けたものは、閉塞感の違いだけだったような気がする。いまから思うと傲慢きわまりない話なのだが、私は息苦しくてたまらない日本を脱出して、アジアの「混沌」のただ中に身を投げ込んでみたかったのだ。

フィリピンに行ったのは、大学の交換留学制度のある相手国が、アジアではフィリピンだけだったからにすぎない。交換留学生になれば、往復の航空運賃と年間五十万円の滞在費が支給される。五十万円は、欧米では数ヵ月しかいられない額でも、フィリピンでなら優に一年以上は過ごせる大金である。

はっきりとした動機とは言えないが、フィリピンという国に何となく心動かされてもいた。私の留学しているあいだに、ひょっとしたら当時のマルコス独裁政権が倒れるのではないかと思ったのである。私は、絶対的な権力が崩壊する現場に立ち会いたかったのである。

それからデビュー作の『フィリピン新人民軍従軍記』を刊行するまでの三年間は、偶然の連続だったと言ってよい。人づてに紹介してもらったマニラの下宿先が、たまたまフィリピン人作家の家であった。しかも、このフィリピン人作家が、マルコス政権に対して武装闘争を繰り広げていたフィリピン共産党の地下活動の支援者だったのである。

すでに故人となった彼と出会わなければ、私は、非合法化されていたフィリピン共産党の都市部での地下活動を知るよしもなかったし、ルソン島北部の山岳地帯でゲリラ戦を展開する軍事組織「新人民軍」の活動を取材する機会も得られなかったにちがいない。

だが、振り返ってみると、節目節目の決断は自分自身によってなされている。ケソン・シティーの大学の寮を飛び出して、マニラのダウンタウンに下宿先を探したのも、また、フィリピン人作家からフィリピン共産党と新人民軍の活動を日本に伝えてもらえないかと言われたとき、しばらく考えた末にうなずいたのも、ほかでもない自分一人の判断であった。「人間はある運命に出会う以前に、自分がそれを作っている」という箴言《しんげん》は、たぶんそのとおりなのである。

技術はあとからついてくる

私のケースは、ノンフィクションライターになる道筋としては、かなり異例かもしれない。しかし、どのような過程を辿るにせよ、出発点はやはり自分自身なのである。

自分は何者なのか。なぜノンフィクションを書くのか。この二点だけは、若いうちに突き詰めて考えておこう。その答えはたいてい、自分の出自や生い立ち、なかでも思春期までの体験に求められるはずだ。それを、以前は「原体験」と呼んだ。

かつての作家には戦争や貧困、旧弊な家族制度といった〝わかりやすい〟原体験があった。現役の作家でも、五木寛之には朝鮮半島からの引き揚げの際、母親を失った過酷な経験があり、梁石日《ヤンソギル》には在日朝鮮人二世としての被差別体験や一世の父親との激越な葛藤がある。

以前、吉行淳之介は、身の周りに殺人犯がいたり、妹が娼婦をしていたりする作家のことを逆説的に「サラブレッド」と呼んだが、読者の大半はそのような「サラブレッド」ではあるまい。だが、何かを書きたいのなら、現在の自分を形作った根っこにあるものを、しっかりとつかまえて、よくよく噛みしめておきたい。フィクションであれノンフィクションであれ、書き手が立ち返れるところはそこしかない。

ノンフィクションを書くという仕事には、深い充足感がある反面、さまざまな〝シンドさ〟もつきまとう。特にプロで生きていこうとすると、自分の書きたいことを書くだけでは生活できない現実に、すぐさま直面する。そこで、やむなく意に染まぬ仕事も引き受けるはめになるのだが、そんな仕事でも専念しさえすれば案外容易に生計が成り立ってしまう。書きたいものだけでは食えないのもこの世界なら、仕事を選ばずにこなしていけば食えてしまうのもこの世界なのである。

書きたいけれど食えない。食えるけれど書きたくない。このジレマンをほとんどのノンフィクションライターが抱えている。だが、ここで易きに付くと、沖合に流される小舟のように初志は遠ざかっていく。

ほかにも、取材が立ち行かなくなったり、原稿が進捗《しんちょく》しなかったり、発表の媒体が見つからなかったり、「一難去ってまた一難」と言いたくなるくらい〝シンドさ〟は押し寄せてくる。そのとき立ち返れるところがなければ、ノンフィクションを書く仕事は続けられないかもしれない。

繰り返しになるけれど、自分とは何者なのか、なぜノンフィクションを書くのか、自分なりの、そして自分をある程度（完全に、ではなくてもいい）納得させられるだけの答えを、まず見出しておこう。ここさえしっかりしていれば、技術はあとからついてくる。

テーマ決定のチェックポイント

あなたに書きたいテーマがある前提で、話を進めたい。

書きたい度合いは、「何とかして」でも「いつかは」でも「何となく」でもかまわない。

そのテーマが発表するに値するものかどうかを、私なりに検討するポイントが五つある。

①時代を貫く普遍性を持っているか。
②未来への方向性を指し示せるか。
③人間の欲望が色濃く現れているか。
④テレビなどの映像メディアでは表現できないか、もしくは表現不可能に近いか。
⑤そのテーマを聞いた第三者が身を乗り出してきたか。

もう少し詳しく説明しよう。

①時代を貫く普遍性を持っているか。

……〝氷山の一角〟という言葉があるが、海の上に見えている部分が「現象」で、海面下に隠れている部分が「テーマ」と仮に見立ててみよう。海面下に大氷山が潜んでいると見当をつけたのに、実際には薄っぺらな流氷だったということもありうる。

海面下の氷山が、まったく思いも寄らない場所に、その突端を突き出しており、調べれば調べるほど新たな突端が見つかるようなら、しめたものだ。あなたの選んだテーマは、時代を貫く普遍性を有しているのである。

そのとき、あなたのテーマは現代世界の中でどう位置づけられるのか、また世界史の中で位置づけられるに値するものなのかを、自問自答する癖をつけるといい。「現象」に振り回される愚を冒さずに済むし、徐々に仕事のスケールが大きくなっていくだろう。

②未来への方向性を指し示せるか。

……あれこれ調べて書いてみたけれど、「結局よくわかりませんでした」では、読者は肩透かしを食らった気分になる。われわれはどんな未来に向かおうとしているのか、あるいはどのようにして未来を切り開いていったらいいのか、その方向性を読者に提示すべきだ。

答えを明示する必要はない。ほとんどの場合、すっきりとした正解など出ないだろうから、未来への方向性を示して、読者も一緒に考えてもらうように道筋をつけるのが肝心だ。

ノンフィクションでは、論に走るのでなく、あくまでも事実の集積を通して書き手の主張を伝える。「事実によって語らしめる」のが、ノンフィクションの〝王道〟とされてきたのである。

③人間の欲望が色濃く現れているか。

……ほとんどの場合、人間は論理ではなく感情で動く。その感情を突き動かしているのは、煎じ詰めれば欲望である。食欲、性欲、金銭欲、名誉欲、支配欲、権力欲、自己顕示欲……、分類の仕方は種々あるが、そうした欲望がこちらに伝わらなければ、テーマとしては弱い。

ちなみに、私がこれまで人間の欲望を最もなまなましく感じたのは、体外受精の取材をしていたときである。顕微鏡で観察した無数の精子は、白魚の群れに見紛うほどであった。勢いよく跳ね回っているものもあれば、痙攣《けいれん》するかのように律動をやめないものや、尻尾をけだるそうにゆらゆらさせているものもあり、そのときの実感に即した言葉で言うと「権力への欲望」を感じさせない精子は、一匹たりともいなかった。

④テレビなどの映像メディアでは表現できないか、もしくは表現不可能に近いか。

……好むと好まざるとにかかわらず、書き手は映像表現をつねに意識しなければならない。テレビで簡単に放映できたり、映像のほうが訴求力が強いテーマを、わざわざ活字で表現する意味合いがあるだろうか。

映像表現と比べて活字表現が優る面を、自覚的に生かすべきだ。一般的に、活字は映像より受け手の感情に訴える力が弱い分、想像力の喚起や思考の深化を促すことができる。

現に、テレビのニュースやドキュメンタリーの多くは、映像の利点を濫用して安易に視聴者の俗情を刺激するだけの、視聴率狙いの消耗品に堕している。その証拠に、「号泣」「激怒」といった文字や「!」「!!」などのマークが、テレビ欄にどれほどあふれていることか。

しかも、テレビには、活字よりもはるかにタブーが多い。同和問題や皇室スキャンダルといった従来指摘されてきたタブーよりも、むしろ大手スポンサーや広告代理店、大手芸能プロダクション絡みのタブーのほうがテレビをがんじがらめにしている。

テーマの構造を奥行き深く描くのも、映像表現の不得手とするところだ。

あなたのテーマが、テレビを中心とした映像では表現不可能かそれに近いなら、活字の強みをいっそう発揮できるかもしれない。

⑤そのテーマを聞いた第三者が身を乗り出してきたか。

……とかく若いころは、独りよがりに陥りやすいものだ。もしかしたら、そのテーマを自分一人でおもしろがっているだけかもしれない。

家族や友人に話してみる。できれば、あらゆるつてを頼ってプロの編集者や書き手と知り合い、その人に相談してみる。ブログの普及で、アマとプロとの差は埋まりつつあるのかもしれないが、経験豊富なプロなら、あなたのテーマが企画として成立するかどうか、瞬時に見抜く能力がある。そのプロが思わず身を乗り出してくれれば、太鼓判を押されたも同然である。

以上が、私が考えるテーマ決定のチェックポイントである。

とにかく動いてみる

しかし、ここまで述べておいて何をいまさらと言われそうだが、これにあまりとらわれすぎないでいただきたい。自分のテーマを厳密にあてはめようとして身動きがとれなくなっては、元も子もないからだ。

私にも、ほろ苦い思い出がある。

学生時代、自分でもルポルタージュが書きたくなり、ある労働災害を取材してみようと思った。そこで、労災に取り組んでいる労働組合の事務所を訪ね、資料を山ほど借りてコピーしたまではよかったのだが、それを読み進めるうちに、到底自分などの手に負えないと怖じ気づいてしまったのである。私は、親切に対応してくれた労組の担当者に、力不足を詫びる手紙を書き送ったものだった。

たとえば、ヨーロッパの国民気質の違いを表すときに、こんな言い方をする。イギリス人は歩きながら考える。フランス人は考えてから走り出す。スペイン人は走ったあとに考える。これが的を射ているかどうかはさておき、若いころは「スペイン人」になるくらいでちょうどいい。

机上であれこれ思い悩んでばかりいて、いつまで経っても動き出さないのが一番まずい。とにかく動いてみること。考えるのは、それからでも遅くない。

まずは、あなたのテーマが具体的に現れている現場に直接行ってみる。そこで当事者に会い、話を聞いてみる。学生時代の私を引き合いに出せば、思い切って労災の現場を訪ね、被害者たちに会うべきだったのである。そこで無知をさらけ出して呆れられようが、怒りを買って追い返されようが、いい勉強である。今度はそうならないように、心して再訪すればいい。

腰の軽さは、この仕事には欠かせない条件である。かく言う私自身、どちらかと言えば腰が重く、自らを叱咤して現場に赴くこともあるのだが、いったん動きはじめてからのフットワークは軽いほうだと思う。

体験という取材

誰でも最初のうちは、自分の持っているテーマと現場での取材とのあいだに落差を感じ、躊躇《ちゅうちょ》したり不安に駆られたりするものだ。

ここに、取材を進めながら、あなたのテーマの価値を見極めていく方法が、ひとつある。

もし被差別部落と食肉産業との関係について取材したいなら、従業員やアルバイトとして同和地区の食肉工場で働いてみてはどうか。これは、ノンフィクションライターの角岡伸彦が『被差別部落の青春』で実際に試みた方法である。

古くは、鎌田慧が『自動車絶望工場』の取材で、トヨタの季節工に応募して採用され、ベルトコンベアー労働の非人間性を報告したことがある。

ほかにも、原子力発電所の放射能汚染に脅かされる労働者の一人となり、原発の実態を告発した堀江邦夫の『原発ジプシー』や、政治家・官僚・財界人らが会合に使う高級料亭の下足番として、意外な人物たちの秘密の関係を暴露した小高正志の『夜に蠢く政治家たち』、海外ではドイツで〝3K労働〟を担うトルコ人の労働現場に、ドイツ人ジャーナリストのギュンター・ヴァルラフがトルコ人に変装して潜り込んだ『最底辺』といった具合に、同様の試行は少なくない。

この手法には、大きな利点がある。

第一に、「いざ取材」などと身構えなくても、日々の体験がすなわち取材であり、それを日記に記すことが即ノンフィクションの表現になる点だ。つまり、取材と文章の基礎を同時に学べるのである。右に例示した単行本のほとんどは、日記形式で書かれている。

第二に、こうした体験を重ねるうちに、そのテーマの深さや広がりが見えてくる。逆に、これは取り上げるほどのテーマではないと思い知らされる場合も、初心者のうちは多いかもしれない。

第三に、取材中も、生活費や取材費に困らない。フリーランスの書き手や学生にとって頭の痛い問題を、少なくとも取材期間中だけは脇に置くことができる。

あなたが胸にあたためているテーマが、この手法にあてはまるのなら、試してみる価値はある。

第二章　資料を集める

情報不足を避ける

私がこの仕事を始めたころ話題になっていたインタビュー集の著者が、こんなことを言っていた。自分はインタビューする相手に先入観を持たずに臨みたいので、資料調べや事前調査は一切したことがない、と。

それを真に受けて、当時の私は二、三度まねをしたことがあるのだが、このやり方は決して読者にはすすめられない。

よくよく考えてみれば、くだんのインタビュー集の著者は、相手が有名なスターばかりだったから、その手法でも通用したのである。ようするに手持ちの情報がすでにかなりあったわけで、私がこれから述べるノンフィクションの取材とは性質を異にするものなのだった。

いや、有名なスターでも、この方法は通用しない場合がある。

私はビートたけしに時間を置いて計三回インタビューしているのだが、初対面では正直に言って面食らった。それは彼が映画監督になるずっと以前、大島渚監督の『戦場のメリークリスマス』に出演した直後のことで、坂本龍一やデイビッド・ボウイと共に、人気お笑いタレントを大作に起用した大島監督の意表をつく配役のほうに世間の注目は集まっていた。

映画で日本兵役を演じたばかりのたけしは坊主頭で、まるまると太っており、屈強な印象を受けた。マネージャーに言われたとおり、編集者と二人でテレビ局の控室に入っていくと、たけしがぽつんと一人きりで台本に目を通していた。もちろん取材の約束は知っていたはずだが、私たちが自己紹介をし取材の主旨を伝えても、うつむいたまま一向に顔を上げない。その取材は文藝春秋の『スポーツ・グラフィック・ナンバー』に掲載するコメントを求めるためのもので、かねてよりボクシング好きを自認していたたけしにボクシング論を聞くのが目的であった。

しかし、型通りの挨拶をしても台本からまったく目を離さないので、話の接《つ》ぎ穂《ほ》に困り、

「たけしさんは、ボクサーの中では誰がお好きですか?」

と尋ねてみた。

「う〜ん」

と、短い間があって、

「林拳児かな」

たけしは、そう答えた。私は内心、舌を巻いた。林拳児は、よほどのボクシング通でも

知らない名前である。ジュニアライト級の元・日本ランカーで、ノンタイトル戦でときの日本チャンピオンをノックアウトしたものの、腰痛に悩まされ無冠のままに終わった悲運のハードパンチャーであった。

私が子供のころからの熱狂的なボクシング・ファンだったことが幸いした。

「ああ、あの福岡中央（ジム）の。腰をやら（痛め）なかったら、最低でも日本チャンピオンになってたのに残念でしたねぇ」

そう言った途端、下を向いていたたけしが、初めて顔を上げた。ちょっとびっくりしたような顔をしていた。しかし、そのことはおくびにも口に出さず、

「うん、東海林博に勝ったんだけどね……」

と、林拳児が倒した当時の日本王者の名前をつぶやいた（この名前も一般のボクシングファンには、ほとんど知られていない）。それからは私の目を正視して話をしてくれるようになり、ボクシング談義に花が咲いたのだが、事前の知識がなかったら、何ともぎこちないインタビューになっていたにちがいない。

取材のとき、絶対に避けたいのは、先方に「こいつは俺のことを何も知らないのだな」とか「この人、まるで無知じゃないか」と思われることだ。

インタビュー慣れしている著名人や意地悪な相手なら、こちらの知識を試そうとするか

もしれない。取材で何度か話を聞いている養老孟司が、そうだった。初めてインタビューしたときなど、こちらのほうが面接官の口頭試問を受けている気がしたものだ。この人には、不勉強な編集者を「勉強しなおしてこい」と叱りつけたエピソードがある。

どんな人でも、こちらの情報不足がわかると、話す気が削がれるか、内心あきれるか、馬鹿にするか、そのいずれかである。これでは、せっかくのインタビューが台無しだ。相手との会話が広がったり深まったりする可能性も、ほかの誰にも打ち明けたことのない秘話を聞かせてもらう機会も、自ら放擲《ほうてき》したようなものである。

テーマが決まり、実際の取材に赴く前には、手に入れられるかぎりの資料に目を通しておく。これが、取材準備の第一歩である。

情報収集の方法

資料収集に対する基本的な姿勢は、「貪欲に、幅広く」である。

ノンフィクションを取材するために必要な資料を得るメディアは、その情報の鮮度から言うと、ネット、テレビおよびラジオ、新聞、週刊誌、月刊誌、単行本の順番である。一方、情報の確度から見ると、単行本と新聞が比較的高く、最下位にはネットが来る。ネット情報は重要だが、ノンフィクションの執筆を前提にしているなら、大半はガセネタと疑ってかかるに越したことはない。たとえば、ウィキペディアに書かれている事柄も、鵜呑みにしてはいけない。

私の場合、取材の相手や対象について、まずネットで大雑把に検索したあと、新聞、週刊誌、月刊誌、単行本などの活字による記録や、フロッピーディスク・DVD・ビデオなどの映像記録、ネット・MD・CD・テープなどの録音記録にあたっていく。

ひとつずつ見ていこう。

(1) ネット

私もご多分に漏れず、グーグルを多用している。ただし、日進月歩のネットに関しては現状を詳しく記しても、すぐに色褪《いろあ》せてしまうにちがいない。グーグルでの検索法についてー番コンパクトにまとめてあるのは、アスキー・ドットPC編集部編『グーグル最新検索術』である。

ネットでの情報収集に関しては、折りに触れ述べたい。

(2) 新聞

いまや、若い世代に限らず、新聞はネットで読む人が増えている。

内外の新聞やニュースをネットで読みたいときに非常に役立つサイトを、ひとつ紹介しよう。若手ジャーナリストの森健が運営している「moriken. org」で、日本の『朝日』

『毎日』『読売』『日経』『産経』『東京』の各紙、共同通信、NHKなどのほか、『ニューヨークタイムズ』『ワシントンポスト』『ニューズウィーク』、CNN、BBC、ロイターのニュースを手軽に読むことができる。

こうしたサイトを利用するかたわら、いまだに新聞を三紙（最多のときは七紙）定期購読し、ほぼ毎日切り抜きをしている私は、ライターのあいだでも少数派であるにちがいない。けれども、強がりを言うようだが、情報の真贋《しんがん》を見抜いたり取捨選択したりする能力を磨くのに、新聞の切り抜きは依然として有効な方法である。

ネットでも新聞は読めるが、日本の新聞ではリンクに難があり、情報を広く深く知ることができない。また、ネットの見出しでは、情報の軽重の区別がつきにくい。情報の軽重には個人差があるとはいえ、この社会や現代世界にとっての重要度は、たしかに差異があり、それを仕分けしてきたのが新聞を中心とするマスメディアである。いまはマスメディアに対する不信感がかつてなく高まり、マスメディアのフィルター機能も無用だとする意見さえあるが、それは暴論であろう。

ネットの見出しを一瞥して、目当ての記事に直行するやり方は、効率的かもしれないが、紙の新聞を一枚ずつめくりながら目を通していくときの、何と言うか〝遊び〟がないような気がする。

この〝遊び〟は、世の中で起きている事象を見渡そうとするとき、案外、大事な役割を果たす。たとえば、最近の複数の新聞に「クマムシ」という体長一ミリにも満たない生物が、七万五千気圧もの超高圧を加えられても生き残ることが実験で確かめられたという小さな記事が掲載されていた。

ネットで調べてみると、クマムシは水がなくても百二十年も生きられるばかりか、放射能にさらされても電子レンジで加熱されても死なない「小さな怪物」であるという記述に出くわす。クマムシの驚異の生命力を研究するグループが、日本を含む世界各国にあり、将来的には人間への有効利用が視野に入れられていることもわかる。私が取材してきた生命科学にもつながる可能性を秘めているのである。

これなど、新聞をぱらぱらとめくっていなければ、気づかなかった情報だ。日々の情報がネットよりも総合的に、かつ詳しく盛り込まれている新聞のほうが、こういうヒントを得られる機会が多い。ヒントをつかんだあとは、リンクが得意なネットの出番となる。

新聞検索に話を戻そう。かつては、取材の相手や対象についての記事を調べようとしたら、各自による手製の切り抜きか、新聞の縮刷版やバックナンバー（縮刷版のない新聞も多い）に頼るしかなかった。

いまは主要紙なら、内外を問わず、データベースから記事の検索ができる。キーワードを入力すれば、記事のリストが表示され、その中から読みたいものを選んでいく。ただし問題は、特に日本の新聞の場合、詳しい情報の多くが有料で、個人がまかなうには負担が軽くない点と、過去にさかのぼって検索できる年数が限られている点だ。

新聞には、業界紙や専門紙、機関紙といった見落とせない種類もあって、こちらの大半はデータベースが整っていない。

そうした事情から、縮刷版やバックナンバーによる検索は、まだ当分は必要とされるだろう。

袋ファイルのすすめ

ネットの記事は、パソコンのデータベースに取り込むのが一番手っとり早いのだが、私は、読みやすさと使い勝手のよさを考えて、ネットの記事もすべてプリントアウトしている。

つまり、私の場合、新聞記事は〝切り抜き〟、ネットからプリントアウトしたもの、縮刷版やバックナンバーからのコピー、この三つに大別される。

これらの新聞記事は、いったん「山根式袋ファイル」というノンフィクション作家の山根一眞が考案したファイルに入れておく。

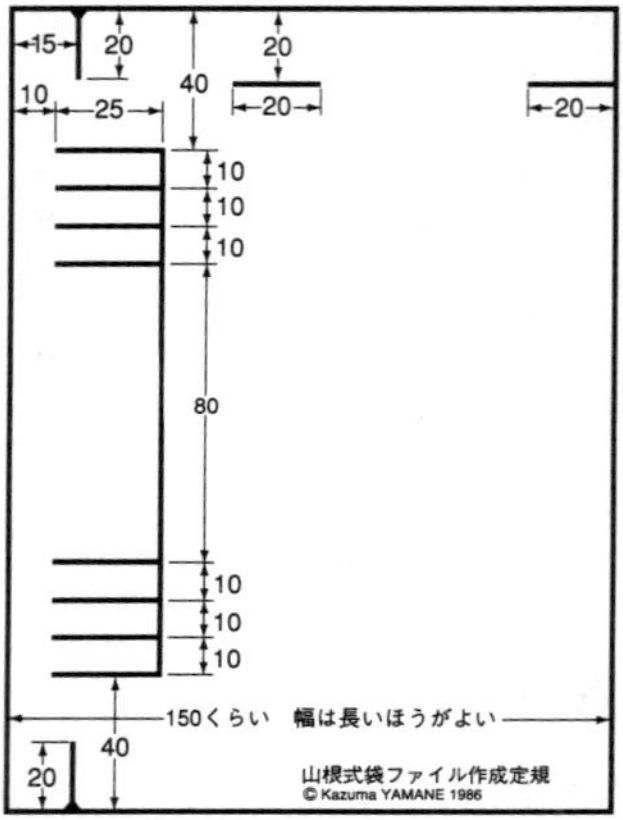

図A

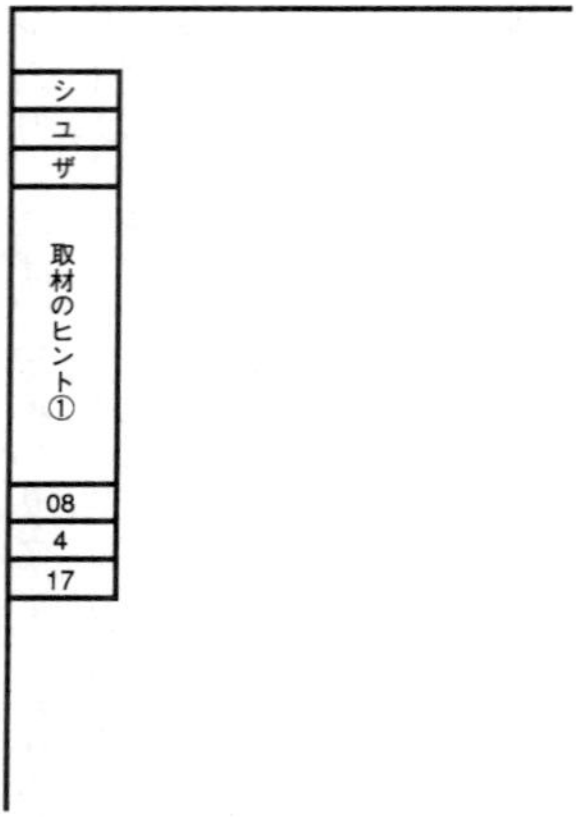

図B

袋ファイルには、角形2号の封筒を使う。厚紙で「山根式袋ファイル作成定規」（図A）を作り、太線の部分にカッターで切れ目を入れておく。封筒の左上に定規をあてて線を引き、上端は折り曲げ部分も含めて切り落とす。見出しと年月日を書き込み（図B）、あいうえお順にファイリング・キャビネットや本棚に保管する。詳しくは、ネットで「山根式袋ファイル」を検索していただきたい。

収集した新聞記事を、急いでスクラップ用紙に貼り付けるには及ばない。それらが本当に必要なものかどうかがわかるのは、資料整理の最終段階なので、そのときにまとめてスクラップ用紙に貼っていく。用紙のサイズはA4が使いやすい。

一枚のA4用紙に、ひとつの記事——、こ

れが原則である。小さな記事だからといって、一枚の用紙にいくつも貼ると、あとで分類に困る場合が出てくる。このあたりの話は、立花隆の『「知」のソフトウェア』に詳述されている。

(3) 週刊誌・月刊誌など

私の世代くらいまでのノンフィクションライターなら、おもだった週刊誌と月刊誌にはひととおり目を通すのが習慣になっているはずだ。

私の場合、週刊誌なら『現代』『ポスト』『文春』『新潮』『朝日』『AERA』『サンデー毎日』『アサヒ芸能』『SPA!』『FRIDAY』『週刊金曜日』『NEWSWEEK日本版』といった雑誌をチェックする。月刊誌では、『文藝春秋』『世界』『中央公論』といったところだ。

もちろん走り読みである。女性・芸能・ファッションなどを守備範囲とするなら、女性誌の通読も欠かせない。図書館や書店、コンビニで読んでもいいけれど、自分にとって必要な記事が出ている雑誌は購入して切り抜くか、図書館でコピーをし、山根式袋ファイルに入れておく。

この袋ファイルには、見た目以上の収納力がある。私は以前、新聞の切り抜きならすぐスクラップブックに貼り付け、雑誌はチューブ・ファイルに綴じていたのだが、袋ファイルにまとめて保管するほうが、はるかに便利だ。

専門誌・季刊誌の記事や単行本のコピーなども、袋ファイルに入れる。満杯になったら新しいファイルを用意し、見出しの下に①②と番号を振っておく(図B参照)。山根は袋ファイルのデジタル化も提案しているが、私にはアナログ版でじゅうぶんである。

私の仕事場には、袋ファイル専用のスティール製の本棚があり、これが一杯になると整理をして、使用頻度の低い順に袋ファイル用の書庫に移し替えることにしている。

自家製デスク

仕事場の話に触れたので、キャビネットで作る自家製デスクのことをぜひ書いておきたい。

一九八〇年代中頃までは、私も市販のデスクを使っていたのだが、立花の前掲書を参考にキャビネット・デスクを自作して以来、すっかり気に入っている。

作り方は簡単である。B4サイズの二段型キャビネットを二基購入し、左右に配置して、その上に厚手の板を橋渡しするように載せるだけだ(写真)。

私の使っている二段型キャビネットの大きさは、縦七〇センチ×横四五・五センチ×奥行き七一・五センチ。板のサイズは、縦七〇センチ×横一八〇センチ×厚さ三センチであ

自家製デスク

る。板はベニヤ板でかまわないが、厚さは三センチくらいは欲しい。

ホームセンターに、いろいろな種類の板が売られている。私は、近所の日曜大工の店に注文して、ニスを塗ってもらった。市販品を買うよりもずっと安価で、自分好みのデスクが完成する。このキャビネットには、袋ファイルも大量に収納できる。

キャビネット・デスクは、いくつかの仕事を並行して行うとき、非常に使い勝手がいい。たとえば、左側のキャビネットは上下段とも、現在執筆中の原稿用の資料にあて、右側の上段には次の仕事用の資料、下段にはさらにその次の仕事用の資料といった具合に分けておく。袋ファイル同様、このキャビネットも容量の大きさが魅力である。

バックナンバーの探し方

週刊誌や月刊誌のバックナンバーは、どのようにして探し出すのか。

大きな図書館に行けば、大部数の週刊誌や月刊誌なら置いてあるが、種類もバックナンバーも限られている。その点、やはり第一章で述べた大宅文庫が一番頼りになる。この日本最大（おそらくは世界でも最大）の雑誌専門図書館のリストは、『大宅壮一文庫雑誌記事索引総目録』としてまとめられており、全国の主要な図書館で閲覧することができるし、データベースにもなっている。

だが、この総目録に載っていないものも多いから、調べ物があるときには、直接、大宅文庫に赴くか、電話で問い合わせをしてみよう。入館料は二百円だが、一回の入館手続きで閲覧できる件数はわずか十件なので、多少高いけれど、年会費一万円以上を払って会員になったほうが大宅文庫を活用できる。

ビジネス関連の記事なら、日本橋・茅場町の東京証券会館（東京証券取引所の近く）にある証券教育広報センター証券情報室（大阪と名古屋にも開設されている）が充実している。日本の諸産業や各企業についての新聞・雑誌記事が、ファイルに細かく分類されているだけでなく、有価証券報告書や事業報告書、各種の統計・白書・年鑑・人名録なども揃っている。入室・閲覧ともに無料で、コピーも一枚二十円と比較的安い。

ネットのデータベースでは、日外アソシエーツのオンライン情報サービス・MAGAZINE PLUSが「日本最大級の雑誌記事データベース」をうたい文句にしている。ただし、ここも大宅文庫同様、フルに活用するなら年間料金一万八千九百円が要る。これで、論文や大学紀要、講演録なども詳しく検索できる。

テーマ次第では、専門誌や海外の雑誌も渉猟しなければならない。これらはネットを駆使すれば、以前に比べはるかに容易に入手できるようになっている。すでにそのテーマの専門家と面識があるなら、その人に何が必読かを訊くのが、一番手っとり早く、かつ的確な情報が得られる。

こうして調べた雑誌の記事をコピーする際に、注意すべきは、雑誌のサイズがどうであれ、コピーの大きさはＢ４ならＢ４に統一することだ。大宅文庫のようにコピーを依頼しなければならない場合も、「Ｂ４に統一してお願いします」とひとこと付け加えておく。そうしないと、雑誌のサイズそのままのコピーができあがり、あとでチューブ・ファイルやバインダーで綴じるとき、不具合が生じてしまう。

本の〝目利き〟になる

(4)単行本

「本には金を惜しむな」――、これが昔から格言のように言われている物書きの心得である。

図書館で借りるのではなく、自腹を切って本を買う。それも若いうちは、なるべくならネットではなく、書店に足を運び、実際に本を手に取って比較検討した末に購入する。このことを繰り返すうちに、本の良し悪しや、いまの自分にとってどの本が必要で、どの本は無視してかまわないかが、目次を一瞥しただけでわかるようになる。こうして本の〝目利き〟になることが、やがて書く力にもつながっていく。

作家の荒俣宏から直接聞いた話だが、彼は若いころ、本を買うために徹底的な節約をした。食事はインスタントラーメンかそれにせいぜいモヤシを入れるくらい。風呂代を浮かすために公園の水道で頭を洗い、学生服に着色して背広に仕立てたものを着て、会社勤めをしていた。ここまでやるのは無理としても、あなたがプロの書き手を目指すなら、たとえ一食を抜いても本にお金を注ぎ込むべきだ。よく言われるように、「読まないと書けない」のである。

あなたが自分の専門分野を確立したいなら、ノンフィクション作家・本田靖春の次の言葉が参考になろう。

「自分に関心のある分野でひとかどの人間になりたかったら、一月に二、三冊でいいからその関連の本を読むことだ。それを三年続けたら、その分野ではオーソリティーになれる」（元木昌彦『週刊誌編集長』）

ネットがない時代には、書店で自分のアンテナに引っ掛かった本なら、ためらわずにすぐ買え、と言われていた。さもなければ、たちまち店頭から姿を消し、手に入りにくくなってしまうからである。だが、いまはネットのアマゾンなどで購入できるし、古書もネットによって格段に入手しやすくなった。

単行本の検索に役立つサイトをひとつだけあげるとするなら、国立情報学研究所のWebcat Plusであろう。この研究所のCiNiiは、論文の検索に役立つ。

古書の購入で私がよく利用するサイトは、アマゾン以外では、「日本の古本屋」「スーパー源氏」「楽天オークション」「ヤフーオークション」「高原書店」「ブックオフ」などである。

単行本の読み方

取材のための単行本収集とその読み方には、いくつかのコツがある。

①インタビュー集や対談集を手始めに読む。
②入門書から出発し、徐々にレベルを上げていく。
③対象となる人物や出来事をさまざまな角度から論じている複数の本を読む。
④精読すべき本、通読する本、拾い読みでかまわない本を選別する。
⑤資料としての本は乱暴に扱う。

具体例をまじえながら説明しよう。

①インタビュー集や対談集を手始めに読む。

……概して、書き言葉よりも話し言葉のほうが、物事をわかりやすく説いているので、入門書としてはうってつけだ。また、その人の素顔が出るのも通常、書き言葉よりも話し言葉のほうである。たとえば、私が皆目知識のない株式市場について取材するとしたら、その専門家たちが対談やインタビューに登場する単行本を探し出すところから始めるだろう(雑誌の場合も同様である)。

②入門書から出発し、徐々にレベルを上げていく。

……入門書としては、一般向けの単行本や文庫、新書、ムックなどがいい。それから、中級レベル、専門レベルへと移行していく。大型書店には、テーマごとにコーナーがある。入門・中級・専門のレベルの違いは、立ち読みでおおよその見当はつくはずだ。

③対象となる人物や出来事をさまざまな角度から論じている複数の本を読む。

……とりわけ立場が反対のものを併読する。たとえば、このところ話題になっている「格差問題」に関しては、何人もの研究者が著書で持論を展開しているので、それらを読み比べてみる。原発や靖国神社、グローバリズムのような賛否の分かれる問題では、この比較検討作業は必須である。

それでは、今後も起きるにちがいない子供や少年によるショッキングな殺人事件については、どうか。さしあたり試みるべきは、類似の事件を取り上げた書籍にあたることだ。快楽殺人の要素があるなら、神戸の〝酒鬼薔薇事件〟をめぐる書籍を総ざらいしてみる。あの事件では、犯人の両親の手記、犠牲になった二人の児童のそれぞれの親の手記、ノンフィクションライターやジャーナリストによるルポルタージュなどが出版されている。

④精読すべき本、通読する本、拾い読みでかまわない本を選別する。

……関連書を全部読む必要はない。「地球温暖化」のような大テーマで関連書を全部読もうと思ったら、時間がいくらあっても足りない。ただ、どの分野にも必読書があるので、それは一度と言わず、二度、三度と精読すべきだ。どれが必読書かは、その分野の専門家たちによる言及や引用の仕方で、簡単にわかる。

⑤**資料としての本は乱暴に扱う。**

……アンダーライン、書き込み、付箋《ふせん》貼り、ページ折りなどは、どんどん行うべし。私の場合、ページを破って袋ファイルに入れることもある。本をきれいに保とうとして、別にメモやノートをとるのは時間の無駄である。

図書館の利用法

図書館の利用法にも、てみじかに触れておきたい。

私は、どちらかと言えば、図書館愛用派ではない。書籍は新刊であれ古書であれ、手元に置き、頻繁にアンダーラインを引いたり書き込みをしたりするほうなので、どうしても手に入らなかった本だけを図書館から借り、コピーしている。

東京の図書館のガイドブックとして重宝なのが、書籍情報社の『東京ブックマップ』である。図書館ばかりでなく、一般書店、専門書店、古書店に関しても、大概のことはこれ一冊でわかる。

図書館そのものでは、前述した国立国会図書館に並ぶものはない。ホームページでもその威容は実感できるが、ぜひ一度、足を運んでみていただきたい。

東京では、広尾にある都立中央図書館も、蔵書が充実している。この図書館が編集した『図書館ナレッジガイドブック』という本には、もっと詳しい情報を得たい場合の情報機関が網羅されている。

地方へ行って郷土関連の資料を調べるには、県立や府立・道立などの図書館と市立図書館の両方をチェックしたほうがいい。市立にあって、県立にないこともある。郷土資料館・博物館に図書室が併設されている場合も多い。北海道立文書館や沖縄県公文書館のような地域色の濃い図書館も見逃せない。

(5) 映像記録と録音記録

活字以外の記録

資料収集の際、書き手が見落としがちなのが、活字以外の記録である。

自分が取り組もうとしているテーマやその関連事項が、映像でどのように表現されているかは、必ず押さえておく必要がある。映像メディアでは表現できないか、表現不可能に近いテーマを設定するためばかりでなく、映像に詰め込まれている豊富な情報を読み取るためだ。

たとえば、『救急精神病棟』の取材・執筆時には、北海道にある精神障害者施設の「べてるの家」を描いた四宮鉄男監督の『ベリーオーディナリーピープル』全八巻や『精神分裂病を生きる』全十巻などを購入して、繰り返し観た。『カッコーの巣の上で』や『ビューティフル・マインド』といったアメリカの劇映画における精神病患者の描かれ方も参考にした。

テレビのニュースやドキュメンタリーで役立ちそうなものがあれば、億劫《おっくう》がらずに録画しておく。NHKアーカイブスなどが公開しているテレビ映像も、積極的に利用する。映像に比べると、録音記録が資料収集の段階で必要になる機会は少ないけれど、気を抜かずに探してみよう。

以上で、資料収集の基本はお伝えしたつもりである。

心構えは、つねに「貪欲に、幅広く」、言い換えると「未知の資料がまだあるのではないか」と執着しつづけることだ。あきらめずに求めていると、資料のほうからやって来てくれるような体験をすることがしばしばある。

第三章　人に会う

取材対象の選び方

人に会って、話を聞く。ここからが、ノンフィクションライターの本当の仕事の始まりである。

なぜなら資料をどれほど集めても、それらの大半はすでに公表された情報だからである。資料を踏まえたうえで人に会い、引き出した話が、あなたならではの情報となる。これを「一次情報」と呼ぶことにしよう。

一次情報の質が、ノンフィクション作品の質を決める。既報の「二次情報」を組み合わせて新たなノンフィクションに仕上げることもあるが、原則としては、一次情報を主体に書かれたものがノンフィクションである。

一次情報の質は、これからどんな人たちに会うかにかかっている。そこで、人選がきわめて大切になる。

中心人物（仮に「Aさん」としよう）が決まっているなら、大まかに言って二通りのやり方がある。まずAさんに会い、それから周辺の人たちに会っていく方法が、ひとつ。もうひとつは、周辺の人たちから会っていき、かなりの情報を得たうえでAさんにあたるやり方である。絵で言うと、最初に中心となるモチーフを描き、あとで周りを描きこんでいくか、周りをある程度描きこんでから、モチーフに取りかかるか、その違いである。Aさんが何回か会ってくれそうな人なら、最初にAさんと会い、周辺にあたってからまたAさんの話を聞くというやり方が可能だ。つまり〔中心人物⇕周辺人物〕の往復を繰り返すことになる。

Aさんに一度しか会えないか、なかなか会えない場合には、周辺をしっかり固めてから会いに行く。たとえば、政治家・官僚の汚職や芸能人のスキャンダルを取材するときなどが、この典型である。もうこれだけの事実を調べあげてあるのだから、本当のところを話してもらいたいと、あるときはほのめかし、あるときは直截《ちょくせつ》に伝えなければならない。

これといった中心人物が見当たらないときには、どうするか。

テーマを決め、資料に目を通している時点で、会いたい人の顔ぶれは浮かんでいるはずだ。その人たちの名前を紙に書き、会う際の優先順位を決めていく。だいたいこの順番で会っていこうという目安を付けるだけでもいい。

取材候補の目星がついたとして、どのように連絡をとるのか。

その人が著名人なら、人名録や新聞社などのデータベース（大半は有料）に連絡先が掲載されている。その人に著作があるなら、出版社経由で手紙を出す。

だが、そうではない場合がほとんどなので、その人の周辺情報を手がかりに調べていくしかない。

住んでいる地域がわかるなら、とりあえず一〇四番で電話番号を訊いてみる。電話番号を公表していないなら、じかに現地を訪ねて家を探す。所属する会社や組織がはっきりしているなら、そこから辿っていける。

評論家の猪野健治は、勤務先を知っていても住所がわからないときには、取材対象者を傷つけないように配慮をしつつ、勤務先の人事課に、

「むかしお世話になった者ですが……」

「ちょっと奥さんにご相談があって……」

「同窓会名簿を送りたいので……」

といった形で尋ねれば、連絡先を教えてくれるはずだと述べている（青地晨編著『ルポライター入門』）。個人情報保護法により過剰な自主規制が働いている昨今では、この方法がどこまで通用するかわからないが、私にも、やむなく身分や肩書きを偽って連絡先を聞き出した経験が何度かある。一見不可能に思えても、〝窮すれば通ず〟で何とか手立ては見つかるものだ。

取材依頼の作法

次は、取材の申し込みである。

〈例文〉

拝啓

突然おたよりを差し上げます失礼をお許しください。私は、○○○(肩書きを入れる。たとえばノンフィクションライター、ジャーナリスト、フリーライター)をしております□□□(自分の名前をフルネームで)と申します。

このたびご迷惑も省みずご連絡させていただきましたのは、

①なぜ、その人に話を聞きたいのか理由を記す。誰かの紹介なら、必ずそれを書く。

②何について聞きたいのか、具体的かつ簡略に記す。

③掲載媒体が決まっているなら、それを明記する。いずれ単行本化するつもりなら、そのことも付け加える。

ご多忙の折り、まことに恐縮でございますが、お時間を一時間ほど頂戴してお話をお聞かせいただけますと幸甚に存じます。

勝手なことのみ申し上げまして、大変失礼致しました。後日、お電話をさせていただく所存でおります。

どうぞよろしくお願い致します。

敬具

二〇〇八年☆月☆日

□□□□

◇◇◇◇様（自分の名前よりもやや大きく書く）

これは、あくまでも申し込みの文面の一例である。

本来は、手紙にすべきだろう。次善がメールかファックス。いきなり電話で、というのは、急ぎの取材だけに限定したほうがいい。やむなくメールもしくはファックスで送るときには、文末に「取り急ぎメール（ファックス）にて大変失礼致しました」といった文章を付け加えたほうが、先方は好印象を抱くかもしれない。

文面は、丁寧に要領よく。できれば自筆で。その際の筆記用具は万年筆か毛筆。字の上手下手は関係ない。常識的な気遣いができる人間であることが、先方に伝わりさえすればよい。見ず知らずの人間からの取材依頼に、先方は訝《いぶか》しさと、多少なりとも警戒感を抱くものだ。

自筆にまったく自信がないなら、本文はパソコンで打って、署名のところだけ自筆にする。取材申し込みの手紙に企画書を同封するなら、その企画書は印字されたもののほうがよい。

取材の時間を「一時間ほど」としたのは、インタビューには最低限そのくらいの時間がかかり、また相手の心理的な負担も少なかろうという判断からである。実際には一時間で終わらない場合がほとんどで、手紙のあと電話をして、先方の都合を聞いてから、「できれば一時間半から二時間くらい」と追加のお願いをすることもある。

いきなり電話で取材を申し込む際には、まず時間帯を考えなければならない。常識外なのは、早朝、夜遅く、食事時。通常、朝は十時以降、夜も十時ごろまでだろう（むろんケース・バイ・ケースである）。先輩ライターに言わせると、「食事前の時間帯も禁物」だそうだ。おなかがすくと誰でも多少はいらいらしているからというのだが、単に自分がそうだからかもしれない。

相手が電話に出たら、必ず「いま、お電話、よろしいでしょうか」と相手の都合を訊くこと。「突然お電話を差し上げまして、たいへん申し訳ございません」といったお詫びの言葉も述べたほうがいい。

電話で最も気をつけなければいけないのは、敬語の使い方である。相手の貴重な時間を奪って、こちらの取材に協力してもらうのだから、たとえ先方が年少であっても、できるだけ丁寧な言葉遣いをする。

私の以前の担当編集者は、難攻不落と思われた相手でも取材に引っ張り出してくるのでつねづね感心していたのだが、「引っ張り出された」ご本人から後日談を聞いて納得した。

「あの人は、手紙の内容も電話での言葉遣いも、ものすごく丁寧で、誠実さがひしひしと伝わってきたから」

というのである。

きれいごとと思われるかもしれないが、取材の始めから終わりまでで何が一番大事かと問われたなら、私は、自らを振り返り内心忸怩《じくじ》たるものを感じつつ、やはり「誠実さ」と答える。

取材を断られたとき

取材の申し込みをして二、三日後に電話をしてみたら、先方が取材を断ってきた。さて、どうするか。

こうした取材拒否には、取りつくしまのない場合と、先方の迷いやためらいが感じられる場合とがある。前者を「全面拒否派」、後者を「ためらい派」としてみる。

いずれの場合でも、二、三日してもう一度、電話をする。全面拒否派からは相変わらずにべもなく断られるケースが多いが、ためらい派には、ここでもうひと押しすれば、しぶしぶでも応諾してくれる人が少なくない。前回の電話の際は、なんとなく気分がすぐれなかったので断ったということだってあるのだから、とにかく再度電話はしてみるものだ。

それでも断ってきたら――。

ここで引き下がっては、取材などできない。

しばらくほかの取材を進めてから、再び手紙を書く。

「その後、いろいろな方々にお会いしましたが、やはり肝心のところがはっきりしません」

「このことに関しては○○さん（相手）が一番よくご存知と、いろいろな方々からも伺いましたので」

「○○さんにお会いしないで書くと、○○さんのお話抜きの事実だけが一般に知られ、ひいては記録として残ってしまうことになります。それは私にとって非常に残念なことですし、読者に対してもきわめて不誠実な結果になると思いますので」

といった文章で、どうしても会いたい旨を、熱心に、だが押しつけがましくなく強調する。取材に一貫して必要なのは、我流に言えば「いやみのないしつこさ」である。

手紙が届いた頃を見計らって、また電話を掛ける。これでだめなら、九割方、望み薄である。

だが、まだあきらめてはいけない。直接、会いに行く。それで門前払いを食らったら、もはや見込みなしだが（私は「警察を呼ぶぞ」と追い返されたこともある）、たいてい立ち話くらいはしてくれる。直接の対面は、先方に手紙や電話とは違う印象を与えるもので、このとき好印象を持ってくれれば、次は家に招き入れてくれることがある。

手紙を出さず電話もせず、つまり「アポなし」で直接会いに行くこともある。とりわけ事件取材でしばしば用いられるのが、この手法である。

これは、ひどく憂鬱な取材で、共同通信の名記者として知られた斎藤茂男ですら、こう述懐している。

「見ず知らずの家へ『ごめんくださ い……』と踏みこんで、ものを尋ねるという聞きこみ取材は、なん年、記者をしていても気の重い仕事だ。（中略）ためらいはじめると、つぎつぎに気を重くする理由ばかり思いついて、足がまえへすすまなくなる。そこをエイッと踏み越えるか、踏み越えないでUターンしてしまうかで、私たちの記事の濃密度はぐんと変わってしまう。恥をかく、いやな思いをする。そういう〝税金〟を納めなくては、よい仕事はできないぞ、と自分に言い聞かせながら歩くのだが、なかなか慣れるものではない」（『父よ母よ！』）

私にも、自殺者の遺族の家をようやく見つけ出したものの、その家の前で行ったり来たりしたり、逮捕された容疑者の家族が暮らすアパートのドアをノックする手が震えそうになったりした経験がある。だが、斎藤の言う「エイッと踏み越える」ことができるかどうかで、取材や作品の出来不出来が決まってしまう。いや、それどころか、その書き手の将来が決まってしまうことさえある。

それに、震えそうな手でドアをノックすると、すんなりと開けてくれ、こちらが呆気《あっけ》にとられるくらい洗いざらいしゃべってくれることもあり、そんなときには緊張で強張っていた背中から力が抜けていく心地よさを感じたりもする。私の場合、「エイッと」踏み出して後悔したことは一度もない。

質問項目

さいわいアポがとれ、取材の日時も決まったとする。ここからの準備について述べよう。

当然のことながら、収集した資料にはすべて目を通しておく。全部を熟読する必要はない。精読すべきもの、通読するもの、拾い読みでかまわないものを分け、やさしいものから難しいものへ、どんどん読み進める。取材前日までには、資料に付箋が羽飾りのように貼られ、ページを繰れば書き込みやアンダーラインだらけになっているはずだ。そうした箇所を読み返しつつ、取材の際の質問を考えていく。

ここで最も肝要なのは、なぜその人物に会いたいのか、会って何を知りたいのかを、もう一度、自分に問いかけて、明確な答えを出しておくことだ。ここをはっきりさせないと、取材が漫然としたものに流れてしまう。

なぜ会いたいのか、何を知りたいのか。このことをつねに念頭に置きながら、質問を思いつくままに箇条書きにしていく。

たとえば、『毎日新聞』のスター記者だった内藤国夫は、「最も多くする質問」の内容を、次のように記している。

①真相はどうなのですか？　②どうしてこんなことになったのですか？　③あなたがもし……であればどうしましたか？　④あなたが、全権を与えられていたとしたら、どうしましたか？　⑤あなたの長所と短所をお聞かせください。⑥あなたのセールス・ポイントはなんですか？　⑦あなたが得意とするものはなんですか？　⑧あなたの特技はなんです

か？　⑨この機会にあなたの自己宣伝をなさってください。⑩あなたは……をどう思いますか？　⑪あなたは……をどうお考えですか？　⑫あなたなら……をどう処理しましたか？

仕事や将来の目標については――。

⑬あなたが目指すものはなんですか？　⑭将来、どういうポストにつきたいと思いますか？　⑮あなたの仕事哲学を聞かせてください。⑯あなたの仕事の楽しさ、苦しさは、どういうものですか？　⑰あなたの仕事の社会的位置づけを聞かせてください。⑱仕事の上での自慢話と失敗談をきかせてください。反省することありますか？　⑲これまでに社会にどういう貢献をされましたか？　⑳これまでにあなたがした決断例を聞かせてください。㉑あなたが世に出た、今日ある、きっかけはなんですか？　㉒あなたの後継者はだれですか？　㉓あなたは後輩や部下をどう導いておられますか？　㉔苦しいとき、困ったとき、なにに頼ったり、なにを考えたりしますか？　㉕あなたの相談相手はだれですか？

内藤は著名人や成功者にインタビューする機会が多かったので、このような質問が多くなったのであろう。彼は、さらに何かの体験者に対する質問事項もあげている。

㉖……をやってみてどうでしたか？　㉗……を読んでみてどうでしたか？　㉘……に行っ

てみてどうでしたか？ ㉙……をどう解決しようとしているのですか？ ㉚××と〇〇のどちらをとりますか？ ㉛いままでに生命の危険にさらされたことがありますか？ ㉜暴力をふるったことがありますか、ふるわれたことはどうですか？ ㉝あなたは……さんに会ったことがありますか？ ㉞あなたがいままでに会ったなかで印象に残る人はだれですか？

もっと個人的な質問をする場合には――。

㉟あなたはなにを信じますか？ ㊱信じますか？ 神さまを。 ㊲金銭と名誉のどちらを重んじますか？ ㊳あなたのあだ名はなんというのですか？ ㊴そのあだ名は、お好きですか？ ㊵あなたに関する、忘れがたいエピソードがあれば、お聞かせください。 ㊶あなたのストレス解消策はなんですか？ ㊷あなたの趣味、読書や音楽、芸術についてのお考えを聞かせてください。 ㊸ヒマになったら、なにをしていますか、また、なにをしていたいですか？ ㊹あなたの親友はだれですか？ ㊺あなたの尊敬する人は、だれですか？ ㊻これまでに経験、体験したことで、印象に残るものはなんですか？ ㊼食べものでは、なにが好きで、また、なにが嫌いですか？ ㊽あなたが、もっとも大切にしているものは、なんですか？ ㊾あなたの年収、月収をお聞かせください。 ㊿あなたの財産はなんですか？ ⑤①あなたの男性観、女性観は？ ⑤②あなたの家族構成は？

内藤は、これら五十余りの質問項目をカードにして、インタビューする相手に応じて使い分けていたという（『インタビュー入門』、数字は筆者）。ちなみに、㊺の「尊敬する人」という質問項目について、朝日新聞記者出身の評論家・森本哲郎は、「愚問のようでありながら、けっこう興味ある答が得られる賢問」としている（『「私」のいる文章　発想・取材・表現』）。

一方、『現代ヨーロッパの内幕』や『亜細亜の内幕』などの〝内幕シリーズ〟で世界的に知られたジャーナリストのジョン・ガンサーによると、ある人物にインタビューする際の質問項目は以下のようになる。

①宗教に対する態度は？　②セックスに対する態度は？　③名声に対する態度は？　④金銭に対する態度は？　⑤動機、重要な決断の例　⑥愛玩動物の好き嫌い　⑦野心　⑧権力の源泉は何か？　⑨主たる知的特質　⑩主たる道徳的特質、もしあれば欠陥　⑪とくに何を信じるか？　⑫娯楽、趣味　⑬仕事の順序、そのやり方　⑭家族構成　⑮幼年時代、青年時代の影響　⑯出世のきっかけは？　⑰読書、音楽、芸術などの趣味、もしあれば　⑱最も近い友人はだれか。部下に対する態度　⑲アダ名は？　⑳飲食物の好みは？　㉑逸話は？　㉒何に貢献したか？　㉓暗殺の危険は？　護衛の方法は？（『ガンサーの内幕』、数字は筆者）

これは、主に政治家たちへのインタビュー項目なので、通常⑧や㉓などは無用である。最初に宗教のことを尋ねているのも、日本での取材には適用できない。ただ、表現は直訳調とはいえ、私も内容的にはほぼ同じような質問を投げかけている。とりわけ、②が聞き出せたら、そのインタビューはかなり成功したと判断できる。④、⑥、⑲、⑳も、意外に忘れられがちだが、相手の人となりを引き出す適切な質問である。

私の場合は、⑭の家族について、とりわけ両親や兄弟姉妹との関わりを細かく訊く。その人物の〝核〟は、家族との関わりの中で形作られていると考えるからだ。

遠慮は禁物

内藤やガンサーのあげた項目を私なりに咀嚼《そしやく》し、基本的に成人に対するインタビューを前提として整理したものを、二十項目にまとめてみよう。

①家族構成、家族とりわけ両親や兄弟姉妹との関わり　②生い立ち、どんな子供だったか、生活環境　③子供のころの思い出、忘れられない出来事　④子供時代と青年時代の夢　⑤影響を受けた人物や本など　⑥青年期以降、現在に至る個人史　⑦友人関係、ニックネーム　⑧現在の仕事に就くまでの経緯とその後の変遷　⑨仕事の内容と楽しさ、むずかしさ、やりがい　⑩職場での人間関係　⑪これまでで最も辛かったこと、涙を流したこと

⑫長所と短所　⑬尊敬する人物、最も好きな（タイプの）人物と最も嫌いな（タイプの）人物　⑭典型的な一日のスケジュール　⑮趣味と娯楽　⑯好物、嗜好品、もしいたらペットについて　⑰金銭観　⑱異性との付き合い、セックス観　⑲何を信じているか？　⑳あなたを突き動かしている原動力は何か？

私の場合、⑳のその人物を「突き動かしている原動力」を自分なりにつかめたと実感したなら、インタビューはおおむねうまくいったとみなしている。

たとえば以上の項目を参考にし、取材相手に応じて質問を脳裏に浮かぶままに書き出していく。

このときには、どんな愚問と思える質問でも書き留めておくことだ。ここで自分の好奇心を抑えてはいけない。こんなことを訊いたら、相手は激怒するのではないか、あるいは馬鹿にされるのではないかといった遠慮は厳禁である。

こうして考えうるかぎりの質問をノートに記してから、今度はそれらを整理する。おおまかな話の運びを想定しながら、質問をしぼり込み、だいたいの順番を決めていく。一時間から一時間半程度の通常のインタビューなら、大学ノート一ページに収まるくらいが、順当なところだろう。

人物インタビューの最もオーソドックスなスタイルは、幼少時から時系列で話を聞いていくことである。自分自身の経歴でも思い違いはあるもので、時間を追って聞いていくとそれが防ぎやすい。意図的に経歴の一部を変えたり隠したりする相手でも、作為がしにくくなるものだ。特に初心者のうちは、相手の半生の経験を時間順に聞いていったほうが無難である。

質問事項をノート一ページ程度に整理したら、質問の重要度にしたがって◎印や○印をつける。そして、ここが肝心なのだが、質問事項を大づかみに覚えてしまう。最初にこれを訊き、次にこの質問をし、その次にはこのことについて尋ねるといった具合に、ノートをなるべく見ずにインタビューができるように暗記しておくのである。

実際のインタビューでは、あらかじめ用意していた順番通りにはいかない場合のほうが、はるかに多い。話の展開に臨機応変に対応するためにも、こちらが訊きたいことは諳《そらん》じられるように脳裏に刻み込んでおく。ノートを見るのは、インタビューがおおむね終了し、訊き忘れていた質問がないかどうかをチェックするときに限りたい。

取材道具

いよいよ取材の当日である。私もきょう次の単行本のための取材があったばかりなので、持参した道具をカバンから取り出してみよう。

・ボールペン……太字の速記用三本と黒・赤・青三色のもの二本
・ノート……A4サイズの大学ノート。厚さは八十枚・百六十ページ
・メモ帳……小型のポケットに入るサイズ。手で簡単に破りとれるが、はがれやすくはないもの。つまり、背のところに留め具の付いたもの
・テープレコーダー……オートリバース式。電池の残量がわかるもの
・カセットテープ……百二十分のものを三本
・レコーダー用の予備の電池……多めに
・資料……きょうの取材に必要なものだけ

ざっとこんなところである。ずいぶん少ないなと思われた読者もおられよう。IT機器はないのかと訝る向きもあるかもしれない。

本音を言えば、基本的にはボールペンとノートだけがあればよいのではないかと思っている。何か書くものと紙さえあればできるのが、私にとってのこの仕事の魅力なのである。

取材用具それぞれについて、もう少し詳しく説明しよう。

ボールペンはノンフィクションライターにとっては〝消耗品〟なので、高級なものである必要はまったくない。速く、わかりやすい字が書ければ何でもいい。

ノートと小型メモの両方を用意しているのは、インタビュー用と、動きながらの現場取材用とに分けているからで、面倒ならノートだけでもかまわない。私の場合、現場取材でメモ帳に記した走り書きは、必ずその日のうちに説明を加えながらノートに書き写している。写し終えたあとのメモは捨ててしまうので、簡単に破り取れるものが都合がいいわけだ。

小型メモだけでの取材はおすすめできない。新聞や週刊誌の記者には、小型メモだけの人をよく見かけるが、あなたがいずれ単行本を書くことを目指しているなら、絶対に避けるべきだ。

最大の理由は、取材内容を俯瞰してとらえにくいからである。走り書きの小さな文字がぎっしり詰まった分厚いメモ帳と、余白を多めにとった大学ノートとを思い浮かべ、比較していただければ、容易に了解されよう。取材終了後の整理の段階でも、どの内容はノート何巻目の何ページにあるといった索引を作る場合、ノートのほうが圧倒的に使いやすい。

ノートの厚さは個人の好みだが、前に書いたものを頻繁に読み返すことを考えると、五十枚から八十枚程度は欲しい。この厚さなら、ジャケットなどのポケットにも二つ折りにして突っ込める。百枚・二百ページのものを使ったこともあるが、さすがに厚すぎて不便なうえ、ページがはがれやすくて困った。

フィールドワークをこなしてきた研究者の提唱により広まったカード方式はどうか。好き好きで何とも言えないけれど、私が知るかぎり、カード方式を使う取材者はほとんどいない。

ボイス・レコーダーも、各人の好み次第であろう。機器が進化しているのはよく承知しているが、私は長年使い慣れているカセットテープレコーダーをいまだに愛用している。録音ミスが心配なら、二台用意する。私も二十代のころ、録れていると思い込んでいたロング・インタビューを聞きなおしたら、まったくの〝無音状態〟で、青ざめた経験がある。

若手のライターには、ＩＣやＭＤのレコーダーを使う人が多い。ＩＣレコーダーには、そのままパソコンに流し込めば、自動的に文字化してくれるものもあり、まだ正確度に欠けるとはいえ、いずれ主流になるだろう。カセット・タイプの予備として、ＩＣやＭＤを使うライターもいる。

ここまでで記した私の所持品は、おそらく取材の最少必需品である。これら以外で、ほかのライターたちが持参しているものをあげてみる。

・デジタルカメラ……カメラマンが同行しない取材の場合、特に単身での海外取材には、私も必ず持って行く。

・デジタルビデオ……これも多用するライターが増えている。放映用としてではなく、現場のシーンを再現して書くとき、肉眼での見落としがないかどうかをビデオで点検するのに使うのだという。ビデオがあれば、カメラは不要かもしれない。

・ノート型パソコン……データのファイルや送稿などさまざまな場面で不可欠になりつつある。

ほかにも最新のデジタル機器を持ち歩いているライターもいるが、国内取材には必携というわけでもなかろう。

取材当日

取材当日の服装はどうすべきか。

ポイントは二点だけである。ひとつは、相手が受けるこちらの第一印象は、非常に大切であるという点。もうひとつは、自分のための服装ではなく、相手が話しやすい服装を心がけるという点である。

この二点だけを押さえておけば、問題はまず起きない。政治家や医者・学者に会うときには、スーツかジャケットにネクタイといった暗黙のルールはあるのだが、厳密に守る必要はない。とにかく相手のための服装であること。だから、たとえば新日鉄の社長にインタビューするとき、ジーンズにセーター・茶髪ではまずいし、渋谷のセンター街にいる少年少女たちに話を聞くとき、スーツにネクタイでは場違いということになる。

訪問先への手みやげが必要かどうかも、よく訊かれる質問である。私の答えは、「要らない」。相手と親しくなれば、ごく自然な気持ちから手みやげを持参することもあるが、初対面の相手にはまず不要であろう。

初対面の人との挨拶や名刺の受け渡しのノウハウといった社会常識に属する事柄は、その種の本を読むなり、社会人の家族や友人・知人に訊くなりして、少なくとも相手に「非常識な人間」とだけは思われないようにする。

取材当日、絶対にしてはいけないのは、遅刻である。近場の取材なら、遅くとも十五分前には（できれば三十分前くらいに）約束の場所に着いていたい。遠方なら、一時間早く着くくらいでちょうどいい。

おおあわてでインタビューに臨むのと、時間的な余裕を持って相手と向き合うのとでは、先方の印象から取材の中身までがまったく違ってくる。私の先輩ライターの中には、有能なのに遅刻常習犯ぶりがたたって、ついに仕事をホサれてしまった人さえいる。

しかし、目的地に早く着いたからといって、約束の時間前に相手を訪ねたりはしないこと。私が二十代のとき、五分前ならかまわないだろうと思って訪問し、のちに大手出版社の社長になった名編集長にやんわりとたしなめられたことがある。約束の時間ちょうどか、一、二分遅れ程度が、訪問客を迎える側にとっては望ましい時間帯なのである。ここでも、服装同様、相手の立場に立って考える癖をつけておこう。

ここまで書いてきて内心苦笑を禁じえないのだが、歳を重ねるにつれ「最近の若いモンは」と感じている自分に気づくことが増えてきた。一例をあげると、応接間に通されても先方にすすめられるまでは席に着かないとか、目上の人が手を付ける前にお茶を飲んだり料理に箸を伸ばしたりしないといったことは常識だったはずだが、これを平然と破る若いライターや編集者のあまりの多さに、私はもはや驚きもしなくなっている。

だがしかし、こうした振る舞いだけで相手が実は気分を害していたり、こちらの人間性まで判断していたりする場合があるから、くれぐれも注意する必要がある。かく言う私も、年長者の前で足を組んでノートをとっていて、はっと気づいて両足を揃えなおしたことが最近もあったけれど。

電話取材、メール取材

電話とメールによる取材についても触れておこう。

質問を用意するところまでは、対面取材と変わらない。が、そのあとが違う。

電話による取材は、昔から頻繁に行われてきた。いまも新聞や雑誌のコメント取材のほとんどは、電話によるものだ。ここでもメモと録音の両方をとるのが、一般的な手法である。

私も電話取材をするし受けることもよくあるのだが、率直に言って好きではない。言葉だけによる情報のやりとりに、いつも不安を覚えるからだ。

露骨に言えば、相手が嘘をついていないかどうか、声からだけではきわめて判断しにくいのである。また、電話で尋ねるにせよ質問に答えるにせよ、こちらの真意が受話器の向こうの相手にきちんと伝わっているのか、はなはだ心もとない気がする。逆に、ふだんの取材における、聴覚以外から入ってくる情報の重要性を、再認識させられる。ふだんいかにあらゆる五感を駆使して情報を得ているかに、改めて気づかされるのである。

そうした理由から、電話取材のコメントが掲載される場合には、必ずその前に活字になったものをファックスやメールで見せてもらうか、電話口で読み上げてもらうことにしている。こちらが電話取材をする場合も同じで、私は原則として取材原稿を掲載前には見せないのだが、このときばかりは正確を期するため電話でコメント部分を読み上げて、相手に確認してもらうケースが多い。

一方、最近、急速に増えてきたのが、メールによる取材である。相手が海外のような遠隔地にいたり、多忙を極めていたりする場合には、実に好都合な方法である。英語などで意思の疎通ができる外国人に取材する際、メールはその威力を最も発揮する。なかでも厳密さが要求される科学関係の取材には、うってつけだ。

ただし、音声情報だけの電話取材と同様、こちらはネット上の文字情報だけに頼らざるをえないところが、大きな不安の種となる。電話取材で接した相手が本人とは別人であるおそれは、通常まずないけれど、メール取材においてその危険性ははるかに高い。

男が女になることも、子供が大人になることも、ネット上では簡単にできる。ＩＤ情報を盗み取った人間が、記者になりすましてメール取材を行い、そこで得た情報を悪用する事態は、いつでも起こりうる。

相手が別人ではないという確証を得る作業が、ネット取材では必須となる。相手との応答の中身を吟味して、本人しか知りえない話を引き出したり、できるかぎりの裏取りをしたり、やり方はケース・バイ・ケースであろう。

つまり、ネット取材の便利さは、危うさと裏腹なのである。ネットを通じての見知らぬ相手との交信や商取引の際と同じく、警戒を怠らないことだ。私は性悪説の立場には立たないが、ネット取材には、まず疑ってかかるくらいの用心深さが必要なのである。

第四章　話を聞く

取材のイメージ

ここまで自明のことのように「取材」という単語を使ってきたが、鎌田慧が「材料を取ってくるような」語感が好きではないと以前書いていたように、私もこの言葉が醸し出すイメージは誤解を招きかねないと思う。

テレビの映像で言うなら、事件の渦中の人物に向かって、マイクを突きつけるレポーターの群れ。あるいは、わざと相手を挑発する質問を投げつけて、反応を窺《うかが》ったり、感情的な発言を引き出そうとする、眼光鋭いジャーナリストの姿。控えめに言っても、片手にメモ、片手にボールペンという格好で、矢継ぎ早に質問を畳みかけるイメージがあるのではないか。

だが、この類の行為は、現実の取材（便宜上、この言葉を使うが）とは、相当にかけ離れたものだ。

取材というのは、ごく平凡な世間話から始まる、むしろ穏やかで気の長い営為である。よき取材者の第一条件は、誰とでも世間話ができることと言っても過言ではない。

そう言えば、かつてロサンゼルスのコリアン・タウンで取材をしているとき、韓国語とスペイン語の通訳をしてくれた在米コリアン二世の青年から、

「あなたのインタビューの仕方は、どうしてそんなにアグレッシブじゃないのですか？」

と訊かれたことがある。アメリカのニュース番組では、キャスターやレポーターたちが取材相手と、しばしば喧嘩腰の丁々発止をするのが当たり前だから、私の取材法が何とも頼りなく思えたらしい。その彼も最後には、

「あなたのやり方が、僕にもだんだんわかってきました」

と言ってくれたのだが、かように取材のイメージはアメリカでも曲解されているのである。

取材の実際

取材そのものについて記そう。

この場合の取材とは、事件現場の聞き込みや電話取材、メール取材ではなく、アポをとり先方の自宅や勤務先などを訪ねてからの一対一のインタビューを想定している。

（1）話の聞き方
（2）ノートのとり方
（3）人物・情景の見方

（4）インタビューのあとで

この順番に箇条書きで詳述しよう。

（1）話の聞き方

〈インタビューの序盤〉

○まず、この取材の目的を改めて説明する。すでに前もって伝えてあることなので、ここでは簡潔に。

○最初の質問は、相手にとって一番話しやすいと思われる事柄から。まれにいきなり核心に入る場合もあるが、通常は対話のキャッチボールを始める前の肩慣らしのつもりで、相手が答えやすい問いかけをする。

○いかに聞き上手になれるか。このことはいくら強調してもしすぎることはないインタビューの心得である。相手が警戒していたり寡黙だったりして、こちらが多めにしゃべらなければならないこともあるが、あくまでも〝口はひとつ、耳はふたつ〟の格言どおりに、しゃべることの少なくとも二倍は聞くつもりで。

○聞いているときには、余計な意見や感想をさしはさまない。とにかく熱心に耳を傾ける姿勢を、先方に伝わるように示す。
○そのために、わざとらしくない程度の〝テクニック〟は身に付けておく。たとえば、あいづちは少しおおげさにうつくらいでちょうどいい。相手が身を乗り出してきたら、こちらも身を乗り出す。笑いを誘うような相手の発言には、満面の笑顔で応じる（なんだか詐欺師のノウハウを伝授しているような気分になってきたが）。概してオーバー・リアクション気味がよく、無表情が一番まずい。かく言う私も緊張すると無表情になりやすく、二十代のころメジャー・リーガーに取材していて、「Are you sleepy?」と呆れられたことがある。

読売新聞の名物記者だった黒田清は、「インタビューのコツ」として「相手と同じ大きさの声で話す」ことをあげている。相手が大声の持ち主ならこちらも大声で応じ、逆に声を落として語る相手ならこちらも声を落とす。つまり、相手に「同化する」ことだというのである（『新聞記者の現場』）。私も意識的にそうしている。ついでに言えば、飲食物も相手が頼んだのと同じものを、私も頼むようにしている。相手がレモンティーなら私もレモンティー、相手がドライマティーニなら私もドライマティーニといった具合に。これなども相手に「同化」して、話をしてもらいやすい雰囲気を作る手法のひとつである。
○しかし、こうした〝テクニック〟の前に、相手の話に対する心底からの関心（ときには共感）と、相手の立場に立って、その発言が出てくる根源までたどるような想像力が必要なことは言うまでもない。
○つまり、インタビューの序盤では、初対面の相手の緊張をほぐし、気持ちよく話せるような雰囲気づくりを心がける。どんなに取材慣れしている著名人でも、最初のうちはいくぶん緊張しているもので、いわんや大半の人にとって取材なるものを受けるのは生まれて初めてなのだから、場の空気をやわらげる工夫が要る。
○その意味でも、ボイス・レコーダー（以下「レコーダー」と略）の出し方がむずかしい。私も駆け出しのころは、初対面の相手でも、挨拶が済んだらすぐにレコーダーを取り出し、ノートを開いて取材に臨んでいた。ところが、ほとんどの人は、まずこちらがレコーダーを出した瞬間に、多少なりとも身構える。
なかには、私のほうを見ず、レコーダーに向かってしゃべりだす人もいた。こうなると、まずい取材の見本のような展開が待っている。

私、ノートを見ながら、用意した質問をする。相手、短く答える。私、次の質問をする。相手、またぼそっと答える。私、三番目の質問をする。相手、訊かれたことだけには答えるが、この〝尋問〟を早く終わらせて、もう解放してもらいたいといった気配を漂わせはじめる。

当方も、相手の答えを聞きながら、メモもとらなくちゃ、次の質問もしなくちゃと、あっぷあっぷの状態である。ようするに、テレビのニュースショーでたまにある「一分間インタビュー」のコーナーを間延びさせ、シラけさせたような具合になったら、その取材は「失敗」と断言しても差し支えない。

こうしたミスをたびたび犯した私がいまどうしているかというと、相手が初対面で、インタビュー慣れしていない人なら、ノートもレコーダーも持ち出さない。しばらく世間話をして、その場の空気がなごみはじめてきたころ、おもむろにノートやレコーダーを出し、録音するときには、必ず「かまいませんか？」といった表現で相手の了承を得たうえで、スイッチを押す。本当のところ、ここで相手の緊張がわずかでもぶり返してしまうのがイヤなので、私はレコーダーを使いたくない。

○肝心なのは、どんな相手とでも世間話ができること。そのためには〝雑学博士〟にでもなるつもりで、ふだんから幅広い知識を蓄えるべく、新聞をよく読み、アンテナを方々に張りめぐらせておくといい。

極端なことを言えば、取材の第一回目は世間話だけに終始しても、何ら問題ないのである。たとえば、最近、世間で話題になっている事柄や、取材相手の自宅に招かれているなら、その界隈にまつわる話とか、家具・調度のことなど。もし事前に相手の趣味がわかっていれば、それが一番無難な話題となろう（ただし、猜疑心《さいぎしん》の強い相手の場合、うまくいかないこともある）。

〈インタビューの中盤〉

○原則として、相手が話しているときには、口をはさまない。私は、時間がたっぷりあり、相手も話したいことがたくさんあるようなら、好きなだけ話してもらう。話が本題からあまりに脱線してしまった際には軌道修正をはかるが、それ以外では先方の独演会のようになってもかまわない。

そもそも相手が取材を受けたこと自体、何か話したいことがあるからにほかならないので、それが必ずしもこちらの訊きたい内容と一致していなくても、言いたいことはすっかり言ってもらう。こちらも、とことんお聞きしますよ、という姿勢を崩さない。あまりに非効率的な取材法と思われるかもしれないが、逆にこちらの訊きたいことだけを訊いて、ほかのことを相手が話題にしても関心を示さなければ、話が意外な方向に広がっていくインタビューの醍醐味は決して味わえない。

○「好きなだけ話してもら」った話の中に、実はこちらが知りたかったこともたいてい含まれている。その箇所はチェックしておいて、相手の話をひととおり聞いたあと、「いまのお話の中にもありましたが」といった切り出し方で、ポイントをしぼって、さらに細かく深く訊いていく。このあたりについては、あとでもう少し詳しく述べよう。

○わからないことがあったら、その場で訊く。これは、インタビューの初歩的な心得である。

○沈黙を恐れない。読者も経験があると思うが、誰かの話を聞いていて、不意に相手が押し黙ってしまう場合がある。そんなとき、沈黙の気まずさに耐えかねて、つい自分のほうから話してしまいがちだけれど、ここは相手が口を開くまでじっと待つことだ。

○相手の話から、その場のシーンが目に浮かぶようにディテールを尋ねていく。すると、突拍子もないシーンが立ち現れることがある。たとえば、ボクシングのベテラン・レフェリーに、ダウンから立ち上がってきたときのボクサーの表情について細かく訊いていたとき、

「そう言えば、白人のボクサーで青い目なのに、ダウンしたあとの目の色が緑色になっていて、『あれっ』と思った。科学的にはありえない話なんだけど」

などという話が出てきたりする。

○「相手が話しているときには、口をはさまない」のは原則だが、潮時を窺いながら、相手にとっては話したくない事柄でも、こちらとしてはぜがひでも知りたい事柄のほうに、

話の流れをなるべく壊さずに持っていく。これは切り出すタイミングがなかなかむずかしいのだけれど、きっかけのひとつは、相手がその話題の端緒に触れたその瞬間である。そこをのがさず、糸をたぐり寄せるように話を引き出せるかどうか。このあたりのコツは、やはりある程度、年季が入らないと、体得できないかもしれない。

〈インタビューの終盤〉

○これは訊かないほうがいいのではないかという質問がある。インタビュー中に思い浮かぶ場合もしばしばある。このことを尋ねたら、失礼ではないか。先方の気分を害するのではないか。いや、それどころか相手を激怒させはしまいか。

そのようなためらいを抱かせる質問があったら、どうするか。

必ず訊くことだ。これは強調しておきたい。ひるむ心を奮い立たせて、必ず問いかけることである。

ここで腰が引けてしまうと、絶対に後悔する。むろん相手の気持ちにはじゅうぶんに配慮し、慎重に言葉を選んで尋ねるのだが、そのとき相手がどのような反応を示し、どんな答えを返してくるかに、しばしばそのインタビューの核心部分がある。文章にしたときにも、ここが往々にしてひとつの山場になる。

○批判的な見解も同様である。必ず本人にぶつけること。本人には言わず、同じ取材で会った関係者に洩らすのは、インタビュアー失格である。巡り巡って本人の耳に入ることもよくあり、そうなったら信用を一気に失いかねない。
○もっとまずいのは、取材時にはやけに愛想がよくて、しきりにうなずいていたのに、できあがった文章を読んでみたら、皮肉たっぷりの書き方をしてあったり、取材者自身ではなく第三者による批判を付け加えたりしている手合いで、私もやられた経験があるのだが、実に不愉快なものだ。インタビューでは厳しい質問をしても、文章にするときにはニュアンスを多少やわらげ、なおかつ批判に対する当人の反論も掲載するのが、書き手の道義というものである。
○これは〈序盤〉や〈中盤〉に属する話でもあるのだが、答えにくい質問に、相手がはっきりと返事をしなかったり、話をそらせたりしたときには、どうすべきか。
しばらく別の話題で対話を続けてから、タイミングを見計らって、先程とは言い方を少し変えて尋ねてみる。それでも同様の反応が返ってきたら、インタビューの終盤で、言い回しをまた少し変えて訊く。にもかかわらず、正面からの答えを避けるようなら、次にインタビューしたとき、頃合いを見て、同じ質問をする。これで合計四回訊いたことになるが、それでもダメなら、その相手とのすべての取材を終えようとしているときに、もう一度だけ問うてみる。

このやり方は、アメリカのピューリッツァー賞ジャーナリストのデイビッド・ハルバースタムにインタビューした際、彼からじかに教えてもらった方法である。このくらいの粘り強さがなければ、ベトナム戦争当時のホワイトハウスの内幕を描いた『ベスト&ブライテスト』のような大著はなしえなかったのであろう。ハルバースタムは惜しいことに先年、大学での教え子が運転していたクルマの事故に巻き込まれて亡くなったが、その著作のいくつかはすでにノンフィクションの古典となっている。

(2) ノートのとり方

○レコーダーと同じく、取材ノートを取り出し広げるタイミングも、案外むずかしい。ノートをとりはじめると、身構えたり、メモをとる私の手元が気になるらしく、そこばかり見ていたりする人もいた。

自然な形でノートを取り出し、メモをとるにはどうしたらいいか。

私はカメラマンと組んで取材をする機会も多く、そこで気づいた点がひとつある。それは、よいカメラマンほど、いつカメラを構えたのかと思わせるくらい、その場の雰囲気を壊さずにシャッターを押しはじめているということだ。いや、その前に、私と一緒に相手の話にじっくりと耳を傾けるところから始めている。場の空気や相手との距離感を読んでいるのである。

反対に、下手なカメラマンほど、のっけからカシャカシャやりだす。よそ様の家に土足で踏み込むような案配で、はたで見ているこちらがはらはらするほどだ。

この例にならえば、ノートもいつのまにか広げているような形にしたい。その呼吸は、長年取材を続けていると、よほど鈍感な人間でないかぎり体得できるようになるはずである。

○ノートの使い方は、相手の発言をA4ノートの左ページに書き、右ページはあけておく。

○重要と思われた発言は、ほとんど一言一句、速記をとるように記す。そのために速記を習う必要はまったくないが、自分なりの略語を多用すると速く書ける。たとえば、精神科病院の取材で、「統合失調症」なら「㋣」、「入院」なら「㋥」といった具合に略語を決めておく。発言の重要部分以外でも、相手の言った単語だけを抜き書きするようなメモのとり方はせず、文章として書くようにする。

○相手の口調には、必ず特徴がある。そこを聞き逃さず、はっきりと書き留める。方言は特に大切である。話し言葉に比べ単調で平板になりがちな会話体の書き言葉を、内容は同じでも標準語よりいきいきとした立体的なものに変える力がある。
○相手の発言の語尾に注意する。たとえば、「〜ですね」なのか、「〜だよ」なのか、「〜だべ」なのか。政治家を例に引けば、小泉純一郎元首相は「〜でしょ」、麻生太郎元外相は「〜だぜ」、青木幹雄元官房長官は「〜だわね」、同じ島根県人でも青木が仕えた竹下登元首相は「〜だわな」と、それぞれ語尾が異なる。こういうところでも、会話体の書き言葉にメリハリをきかせることができる。
○相手からほとんど目をそらさなくても、ノートがとれるように。これも取材を重ねるうちに、だんだんうまくなるものだ。
○ノートの右ページには、話を聞いているあいだに浮かんできた疑問や、相手の印象、しぐさ、服装、部屋の様子などを走り書きする。疑問点についてはあとで質問し、それが解消されたら斜線で消す。
○佐野眞一もそうだと聞いたが、最初から最後までメモを（もちろん録音も）一切とらない取材も珍しくない。立ち話や移動中の会話ではメモをとっては不自然だし、またさまざまな事情でメモがとれない現場も多い。メモをとると、相手が緊張したり警戒したりして、取材が捗《はかど》らない場合もある。ルポライターの竹中労など、
「取材の相手を〝裸にする〟最も有効な手段はメモ帳と鉛筆を捨てることだ」

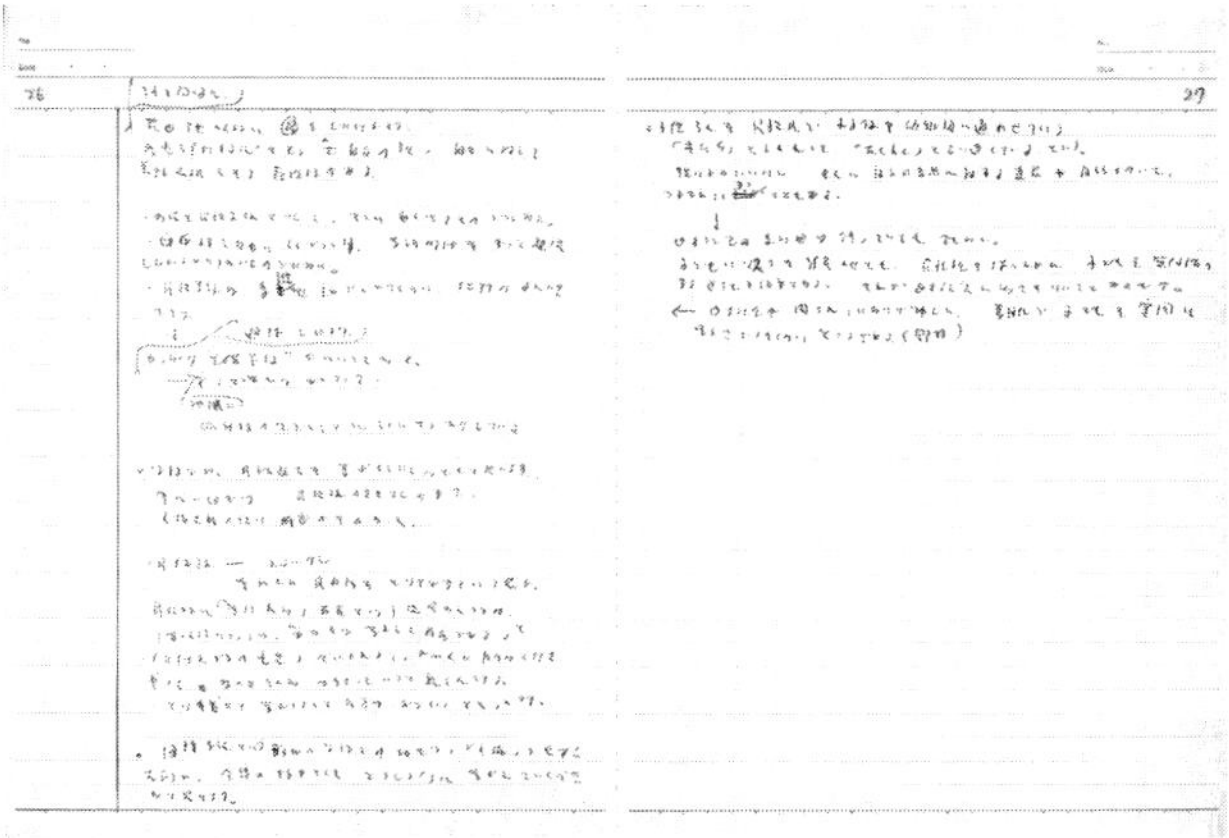

『コリアン世界の旅』の取材ノート

とさえ書いている（『決定版ルポライター事始』）。

それなら、いったいどうするのか。

早い話が、丸暗記である。

作家のトルーマン・カポーティは、ノンフィクション・ノベルの傑作と言われる『冷血』で取材したおり、インタビューを完全に記憶して、あとで克明にノートに記していたという。私も、二時間以内のインタビューなら、「完全」とまでは到底いかないが、おおむね暗記することができる。

ただし、人名・地名のような固有名詞や、日時・距離・単位などの数字に関しては、インタビューの最中か直後に確認して、小型メモに明記しておく。取材後は、ただちに喫茶店やファミリー・レストランのようなところに飛び込んで、記憶したばかりの内容をノートに筆記する。

この手法を取材本番で試すのは、あまりに無謀なので、ふだんの友人や知人との会話を記憶して、あとでノートにつける練習をしておくといい。同時に会話を録音して、自分が記憶した内容を突き合わせてみると、自分の記憶の仕方がよくわかる。会話の中のキーワードを飛び石のように記憶に留めておけば、飛び石と飛び石とのあいだにさらに石を敷きつめる作業は、さほど難儀ではないはずだ。

しかし、読者は疑問を抱かれるかもしれない。ノートもテープもとらず、あとで「言った」「言わない」のトラブルになり、万一訴えられでもしたら、どうするのか、と。

その手の問題でこじれそうな取材では、私も必ずメモをとり、録音も二台の機材でするようにしている。だが、それまでタブーとされてきた領域での取材が多いなか、「丸暗記取材」をたびたびこなしてきて、訴訟沙汰になったことは一度もない。単に運がよかっただけと言われたら、それまでだが。

(3) 人物・情景の見方

取材の二本柱とは、話を聞くことと、もうひとつは見ることである。話の引き出し方の要点は一通り述べたので、取材相手や現場の情景を見るときのポイントを箇条書きしてみよう。
○話を聞くときの心得が「いかに聞き上手になれるか」だとすると、見るときの心得は「いかにすべてを見尽くそうとするか」である。ただし、あくまでもさりげなく、あくまでもゆとりを持って。姿勢としては、見ていないようでいて、ちゃんと見ているといったものになろうか。「眼光鋭く」とか「刑事のような視線で」といったひとむかし前の形容は、アナクロどころか、取材者にとって最も避けるべき姿勢である。
○取材相手の自宅やオフィスなどを訪ねての一対一のインタビューを想定して、いまあなたの目の前に座っている人物をどのように見ていくかを記そう。
相手に与えるあなたの第一印象が大切である以上に、あなたにとって相手の第一印象は重要である。資料調べの段階では陽性のイメージを抱いていた相手に実際会ってみたら、どこかすさんだ印象を受けたり、すでに世間では功成り名を遂げたと思われている人物から、意外な貧相さを感じたりするのは間々あることだ。

相手と話していくうちにそうした印象は薄れがちだし、ましてや付き合いが深まれば深まるほど第一印象からは遠ざかるものだが、あとで振り返ると、初対面のときに感じたことこそがその人物の本質に近かったという経験を私も何度かしている。だから、最初に会ったときの印象については、必ずその日のうちにノートにできるだけ詳しく記しておこう。

○相手の話を熱心に聞きながら、同時に相手の様子をつぶさに見ていくのは、初めはむずかしいが、徐々にコツを覚えていくはずだ。

人物を見るときのチェックポイントは、次の五点に集約できる。

①顔つき、体つき
②服装、ファッション……見落としがちなのが、相手の靴
③表情……特に目と口の動き
④しぐさ、癖……たとえば、腕を組む、こちらの目を正視しない、手を叩いて笑う、口を手で覆いながらしゃべる、貧乏ゆすり
⑤視覚以外の感覚で感じたこと……たとえば、声の調子、握手をしたときの手の温かさ・冷たさ・しめりけの有無、握力の強弱、体臭（香水のにおいを含む）

つねに心しておくべきは、目の前にいる人物のどこを取り上げて描写すれば、読者にとってまるでその人物が眼前にいるかのようにいきいきと思い浮かべられるか、このことである。

その人物像が、読者の脳裏に立ち上がるか否か。これが、作品の成否を決定的に左右する。

辺見庸に学ぶ

実例をあげよう。

辺見庸の『もの食う人びと』は、人物や情景を描写する方法を学ぶための、恰好《かっこう》のテキストとなる短編ノンフィクション集である。その中の一編に、社会主義国家時代のポーランドに戒厳令を布告した、かつての大統領ヤルゼルスキに会いに行く話がある。

「敗者の味」と題された掌編の書き出しは、こうだ。

「その老人は、ワルシャワの変哲もないビルの一室で、止まった古時計みたいにじっとして私を待っていた。

黒眼鏡のその顔を以前、北京で直接見たことがある。生気があった。肩が怒っていた。いま、別人のように元気がない。頬がたるみ、肌が張りを失っているのは、年のせいだけでもなさそうだ。

ソックリさんという言葉を私は思い出した。よく似ているけれども、実物の気勢を欠いたソックリさん。しかし、この老人は実物なのだ」

共同通信社の北京特派員だった辺見は、権力の頂点にいたヤルゼルスキを間近で見ている。その姿と、現在のすっかり忘れられた存在となった姿との対比が鮮やかだ。先にあげたチェックポイントで言えば、①と②が描かれている。

以下、人物描写の部分だけを抜粋してみる。

「前大統領は頰のたるみを押しあげるように人さし指を当てて四、五秒考えた。案外に音域の高い声で答えた」→④と⑤

「老人は一瞬ひるんだ顔になった。じっと考えこんだ」→③と④

「知られざる大罪でも告白するようにじつに恥ずかしげに言うのだった」→④

いま引用した箇所では、とりわけ「案外に音域の高い声で」という表現が効いている。

さらに、次の描写――。

「窓から斜めに陽がさしてきた。顔の右半分が疲れきったただの老人になった。陰になったもう半分に、『救国軍事評議会議長』だった戒厳令布告当時の、暗く厳しいしわが刻まれていた。

老人も私もしばらく沈黙した」→③と④

プロの書き手をも唸らせる文章とは、こういう文章である。

引用部分だけでも、前述した五つのチェックポイントがすべて織り込まれている。このようにして著者は対象人物の特徴を巧みにとらえ、その人物像を読者の脳裏に立ち上がらせているのである。

第三の眼をもつ

私の見聞も、少し披露しよう。

以前取材したある著名な心理カウンセラーの相談室のデスクを、彼が座っているほうに回って見たら、デスクの端、つまりカウンセリングを受けている相手からは見えない手元の部分に無数の傷がついているのを見いだした。わけを訊けば、両親指の爪でつけたのだという。不思議に思って、さらにその理由を尋ねたら、

「いやぁ、イライラすることが多くてね」

と苦笑しながら答えた。それを知って、聞き上手として名高いこの人にしても、途切れることなく訪れる相談者の話にしばしばフラストレーションを募らせているのがわかった。彼をノンフィクション作品に登場させるなら、私はこのしぐさのことを必ず書く。

また、ダーティーな噂を耳にしていたある実業家にインタビューしているとき、つねに右手で左手を隠すようにしているので、取材後、彼が立ち上がったときに目をやったら、左手の小指の先が欠けていることに気づいたり、離婚歴のある有名俳優への取材で、彼が

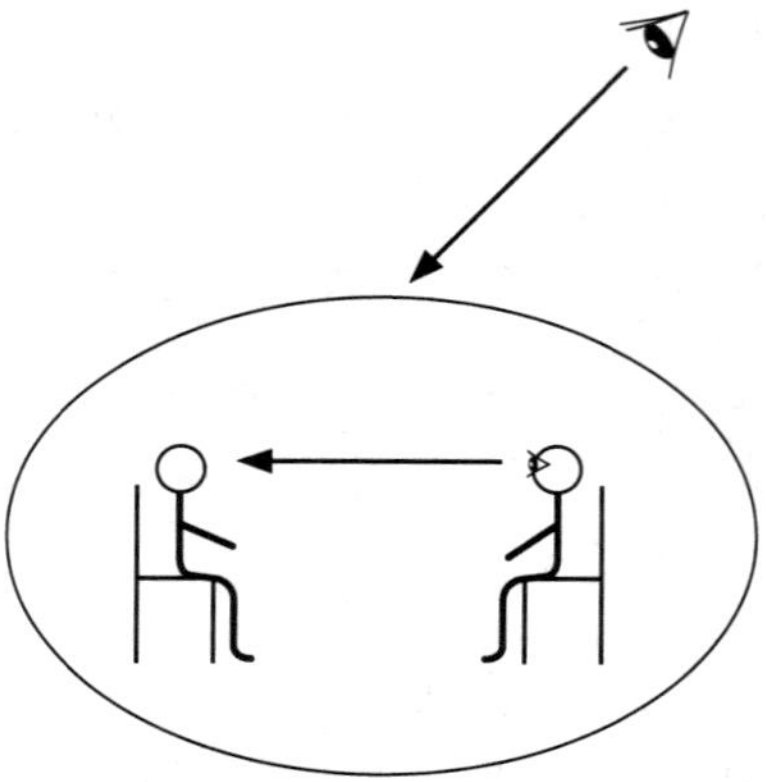

図　〝第3の眼〟を持つ

別れた妻との話になると、必ず片手で口を覆いながら答える癖があることを発見したり、そういった類の実例は多々ある。

○もっとも、相手を注視しているだけではいけない。図のように、相手と自分とを含めたその場のシーンを、少し離れたところからながめている〝第三の眼〟のような視点が、取材者にはぜひとも必要になってくる。

　いま相手と自分とがいるこの場面を、複数のテレビカメラがさまざまな角度から撮影したらどのように見えるだろうかといった意識を、つねに心のどこかに留めておきたい。そのインタビューを文章にするとき、自分をも三人称で書けるくらいの突き放した距離感が、ノンフィクションの書き手には求められる。

○こうした視点を獲得するには、実際の取材を積み重ねるのが第一だが、すでに刊行されているインタビュー集や、作家・学者らの対談集を読むのも大いに役立つ。

　インタビュー集では、『毎日新聞』の往年の花形記者で現代史に関する著作も多い大森実の『「直撃インタビュー」全速記』、立花隆がアメリカを代表するジャーナリストたちに話を聞いた『ジャーナリズムを考える旅』、外国人ジャーナリストとして初めて昭和天皇に単独会見したバーナード・クリッシャーの『インタビュー』、アメリカの『プレイボーイ』誌に掲載された作家アレックス・ヘイリーの『アレックス・ヘイリー　プレイボーイ・インタビューズ』、同じく『ローリング・ストーン』誌の名物インタビューをまとめた『ローリング・ストーン　インタヴューズ80s』などをおすすめしたい。ことに大森実の作品は、一般の読者が目にすることのない速記録ゆえに貴重だ。

一人語りの形式にしてあるが、百十五の職業に就いている百三十三人もの話を収録したスタッズ・ターケルの『仕事！』と、その方法論について述べた『インタヴューという仕事！』も、インタビューを学ぶ際には必読の書である。

作家や学者の対談集では、吉行淳之介、大岡昇平、司馬遼太郎、河合隼雄のものなら、どれも当たり外れがない。開高健の『人とこの世界』は、同時代の作家たちの人物紀行だが、インタビューと描写の手際の鮮やかさが際立つ。

○インタビューの際には、目の前にいる取材相手を見ている一方で、その人物のいる場所やその人物を取り巻く環境にも目を行き届かせる必要がある。

先方の自宅を訪ねている場合なら、家の全体の雰囲気、門構え、庭の様子、玄関に入ったときの印象などを記憶に留め、あとでノートに記す。とりわけ玄関はその家のいわば〝顔〟なので、そこに何が置かれているか、壁に何が掛けられているかを見落としてはならない。

○インタビュー中にも、さりげない観察は怠らないようにする。人物と同じく、印象を大づかみにしてから細部に目を向けていく。このときのポイントは、その人物の素顔や特徴を端的に表している物を的確に見つけることだ。

私は、総理大臣になる数ヵ月前の細川護熙《もりひろ》にインタビューしているのだが、事務所のデスクの脇にケネディ大統領の写真が飾ってあり、実に意外な思いにとらわれた。当時、細川には首相の目はないとされていたのだが、あのケネディの写真を目の当たりにした瞬間、清新なイメージで売り出し中だった細川の野心の臭いを嗅ぎとった気がしたものである。

○写真のほかにも、絵画や賞状、標語、さまざまなインテリアや装飾品などの中に気にかかったものがあれば、その謂《い》われを訊いてみるとよい。そこから話が広がっていくことがある。

在日コリアンと焼肉業界との関係を調べているとき、焼肉をしても煙が出ない、画期的な無煙ロースターを開発した会社社長に会ったことがある。その社長室には、びっくりするくらい大きなドン・キホーテの木像が置かれていた。まさしくこのドン・キホーテ像に、無煙ロースターをひっさげて焼肉業界に乗り込んでいった彼の意気込みや人柄がよく現れていると考え、この社長室の描写から、在日コリアンと焼肉文化について書きはじめたことだった。

○情景描写を得意とした元・共同通信記者の斎藤茂男は、

「ルポルタージュの取材で、私はいつも『風景』に気をくばる。それは、少し大げさに言えば、『風景』のなかに現代というものの形相が凝縮されてある、と思うからだ」（『事実が「私」を鍛える』）

と述べている。これから書こうとしている人物（たち）の周りに広がる情景は、インタビューの前後にしっかり見ておき、メモにとる。

一例をあげると、阪神大震災の直後に現地に入った私の取材ノートには、次のような語句が（歩きながら書いたため）断片的に記されている。

「焼け跡　空襲後のよう　騒然たる雰囲気　もうもうたる粉塵　マスクをし、口をおさえ黙々と歩く人々　顔をあげている人はいない　糞尿の臭いが風に乗ってくる　荒涼とした海辺の情景を想起　赤茶けたブリキ屋根が海草の代わり　黒こげの押しつぶされたクルマそこに電柱から伸びた電線が無数にからみついている　まるで執念深い女の髪の毛　ベニヤ板の立て看に『骨さがしのため立入禁止』の文字　ボールペンの震える字……」

これは見たとおりの情景がそのまま文章にできる稀なケースであるが、たとえ直接文章に反映されなくても、インタビュー相手を包み込む周囲の情景は、意識的に目を凝らして見ておこう。

(4) インタビューのあとで

インタビューの際に留意すべき点については、あらまし述べた。

かくしてインタビューは終了した。あなたは取材ノートを閉じ、録音機器の停止ボタンを押す。

ところが、本当の取材はここから始まるのだ。

約束したインタビューの時間を終え、先方は心の中で安堵のため息をつくか、余計なことをしゃべりすぎたと臍《ほぞ》をかんでいるか、いずれにせよ緊張がいくらかはゆるんでいる。そのときなのである、インタビュー中には語られなかった本音が洩れるのは。

それを聞き逃してはならない。さりげなく（あくまでもさりげなく）話を深めていく。

私の経験では、取材ノートを閉じてから会話がさらに一時間以上も続くようなら、その取材は間違いなく成功裏に終わる。このときには前述した「丸暗記取材」に頼るほかはないのだが、取材の醍醐味を最も感じるのは、こうした機会に巡り合ったときだ。

酒が飲める相手なら、日を改めて酒席に誘ってみるのもいい。むろんインタビュー後に先方の時間が空いているのなら、その日に越したことはない。

ジャーナリストのあいだでむかしから言い習わされている格言に、

「特ダネは二杯目のハイボールから生まれる」

というものがある。ハイボールとは、いまふうに言えばウイスキーのソーダ割りのことだ。

哲学者のカントも言っているとおり、「酒は、口を軽くする。さらに、酒は心を打ち明けさせる」のである。新聞記者が〝警察《サツ》まわり〟で、刑事が一杯ひっかけて帰宅する頃合いを見計らって待ち受けているのも、同じ理由からだ。

逆に、先方から飲みに誘われたら、二つ返事で付き合おう。勝新太郎にインタビューしたときが、そうだった。自己紹介のおり、私が高校時代に体育祭の仮装行列で映画『兵隊やくざ』の〝カツシン〟役に扮した話をしたのが気に入ったらしく、インタビューのあと私を行きつけの小料理屋に連れていき、カウンター席に腰掛けて二人だけで飲んだ。そこでも座頭市の身振りで徳利《とっくり》から猪口《ちょこ》に酒を注いでくれたり、落語の古今亭志ん生や桂文楽といった名人たちの声色をまねてくれたり、私というたった一人の観客を前に洒脱な芸を披露してくれた。はては愛人らしきホステス嬢まで電話で呼び出してくれたが、こんなハプニングは、酒席ならではの僥倖《ぎょうこう》であろう。

ウラ取り、取材運

最後に大切なことは、いわゆる〝ウラ取り〟である。できれば当人以外の二人以上の人物から、当人の発言が事実かどうかを確認する必要がある。とにかく、核心となる部分に関しては、絶対にウラを取らなければいけない（これをしないライターがこのところ多いような気がする）。

ウラ取りは、露骨にするのではなく、第三者に話を聞いているとき「こんな話もあるんですが」といった調子で切り出す。当人の名前をあげて「○○さんはこう言っているんですが」などと言うのは、あまり上手なやり方ではない（ただし、そのように発言者を特定しなければならない場合もある）。

もし、その場の証言者が当人ただ一人しかいない場合には、ありとあらゆる傍証を集めた上で、それが事実として書かれるべきか否かを、ライターが自分の良心にかけて判断するしかない。

こうした取材を続けていくうちに、「もうこの辺でいいだろう」とか「これ以上、突っ込んでも無駄ではないか」と思うことがある。そんなとき私がよく思い出すのは、かつてボクシングの世界チャンピオンだった輪島功一から聞かされた話だ。

世界戦の前には、ほとんどの選手が短期のキャンプを張る。そこには若手の有望株も参加し一緒に練習するから、トレーニングの一〇〇メートルダッシュをしても最年長の輪島はたいていビリになってしまう。

「だけどさあ、おれ、あいつらとは違うんだよ」

と輪島は言った。

「あいつら、九〇メートルまではダッシュするけど、あとの一〇メートルは（力を抜いて）流すんだよな。おれは違うもん。一〇〇メートル全力でダッシュして、それから流す。たった一〇メートルの差だと思うだろ？　ところが、これが積もり積もって、あとで効いてくるんだよ」

この「一〇メートルの差」こそが、世界チャンピオンになれる者となれない者との分かれ目なのだと、彼は言いたかったにちがいない。私は、取材でも「最後の一〇メートルダッシュ」の有無が、作品化されたときの大きな差となって現れてくるような気がする。

話はいささか精神論めくのだが、私は「取材運」というものがあると固く信じている。たとえば、取材嫌いで定評のある人物が、どうした風の吹き回しか、今回に限ってインタビューに応じてくれた。ある事件の現場でたまたま乗ったタクシーの運転手が、事件の当事者の知り合いだった。戦場取材に赴いたら、現地に着いた途端に、目の前で戦闘が始まったなどというのも、不謹慎な例ではあるけれど「取材運」のうちに入るだろう。

長らく取材を続けていると、こういう取材運に恵まれることがたしかにある。そして、振り返って思うのは、「最後の一〇メートルダッシュ」を繰り返してきたからこそ、その〝余禄〟としてもたらされるのが取材運ではないかということなのである。

取材相手から信用されるには

インタビューは一回かぎりのものも多いが、単行本を書く場合には、その後、何度も会うことになる。どちらにしても、次にまた会ってもらえるような辞去の仕方を心がけるべきだ。少なくとも後味の悪い思いを先方に残すのは、わざわざ会ってくれた人に対して失礼というものであろう。

望ましいのは、雑誌の記事なり単行本なりが出たあとも付き合いが長く続くような関係を築くことだ。そういう人間関係の積み重ねが、すなわち書き手としての人脈の広がりにつながる。いや、決して功利的な理由からではなく、この仕事に長年たずさわるうちに、私は、こういった人間関係こそがほかのなにものにも代えがたい財産だと信ずるようになっている。

人間関係のかなめは、信頼である。とりわけノンフィクションの書き手は、信頼されなければ仕事を続けることができない。相手から信頼されるための私なりの心得を、思いつくままに述べてみよう。既述と重複する部分もあるが、ご容赦いただきたい。
①まずは、相手の顔と名前をしっかりと覚えること。そのためには、取材時に渡された名刺の裏に、会った年月日、場所、その人物の印象や主要な情報を書き込んでから、名刺ファイルに整理する。これが積もり積もると、あなた独自の人物情報源になるはずだ。
②取材で知りえたプライベートな情報、なかでも他言しないでもらいたいと言われた情報は、決して口外しない。
③取材で会った人の批判を、同じ取材で会った別の人にしない。むろん悪口や噂話は禁物。巡り巡って本人の耳に入ると思ったほうがいい。
④借りた資料は、すみやかに返却する。先方に催促されるのは、みっともない。
⑤取材後、なるべく早く礼状を出す。メールでもかまわないが、手紙がベスト、次善が葉書。例文をあげてみよう。

拝啓
〈時候の挨拶を入れる……たとえば、「すっかり夏めいてまいりましたが、お元気でお過ごしのことと存じ上げます」とか〉

先日はご多忙にもかかわらず、私（もしくは発表媒体）の取材に応じてくださり、どうもありがとうございます。大切なお時間を頂戴致しまして、貴重なお話をお聞かせくださいましたこと、心より感謝致しております。

〈ここに取材で初めて知ったり教えられたりしたことを丁寧な表現で入れる〉

その際うかがいましたお話は、
（A）発表媒体が決まっていない場合→これから執筆致します原稿に

収録させていただきたく存じます。
（B）発表媒体が決まっている場合→〇月〇日発行の「媒体名」に掲載させていただく所存でございます。

〈ここにもう一度お礼の言葉があってもよい〉

また、ご連絡差し上げる所存でございます。今後ともどうぞよろしくお願い致します。折柄、くれぐれもご自愛くださいませ。取り急ぎ御礼まで。

敬具

署名（自筆で）

二〇〇八年☆月☆日

相手の名前（署名よりもやや大きく書く）

このサンプルを読んでバカ丁寧と思われる向きもあろうが、丁寧すぎて嫌われることはなくても、ぞんざいゆえに敬遠されることはあるので、ちょっと丁寧すぎるかなと思われるくらいが無難である。

たとえ文字が下手でも、自筆で書いたほうが相手には好ましい。手書きにどうしても自信がなければ、本文はパソコンで打って、最後の署名と宛て名だけは自筆で書く。

ほかのライターは、取材後の礼状をどうしているのかと思って探してみたのだが、私が調べたかぎり、例文を掲げているのは、ルポライターの草分けの一人である評論家の猪野健治だけであった（青地晨編著『ルポライター入門』）。

冠省　このたびはご多忙中のところを私のために取材に応じて下さり、まことにありがたく感謝しております。
貴重な時間をさいていろいろご教示たまわりましたことを、あらためて御礼申し上げます。

私と致しましてはできるだけ貴意を正確に文章の上に再現致す所存でございますが、万一、私のきき違い、思い違いがございましたらご指摘いただけますと幸甚です。また、私の文章の掲載誌（単行本）は左記の通りです故、お読み下さったあとご感想などをたまわりますとありがたく存じます。

敬具

掲載誌（紙）　題名

発行予定日　発行所

猪野はこの文面を印刷した葉書（三十年も前の話だから印刷所に注文したのだろう）を取材後に必ず出すようにしていたという。いまなら、パソコンで簡単にできるはずだ。

⑥掲載誌（紙）は必ず送る。こんな常識も、近年しばしば守られていない。

⑦長く付き合うつもりの相手には年賀状を欠かさない。できれば暑中見舞いも。非常にお世話になった相手には、お礼の品を贈る。旅先から、その土地の名産品などを贈ると喜ばれる。

⑧常日頃から気をつけて、相手に役立ちそうな情報は、こまめに伝える。たとえば、相手が探していた資料を見つけたとか、相手に持病があるなら、その改善に役立ちそうなノウハウを別の取材先で聞いたとか。

⑨同じテーマを長く追う場合、特に用がなくても先方に顔を見せたり、電話やメールで雑談を交わしたりする。

⑩相手の慶弔に敏感であること。特に、肉親を亡くしたときの会葬に参列してくれたり弔電をもらったりすると、意気消沈しているときだけに、慰められ心強く感じるものだ。

このような付き合いを続けていくと、知らぬ間に友人や知人が増えている。

もともとの取材の目的とはまったく掛け離れた交友が広がっていくのは、ノンフィクションを書く仕事の大きな喜びであり、私は近年このことをますます強く実感するようになっている。

第五章　原稿を書く

原稿を書く前に

ここまでの作業によってひととおりの取材を終えたあなたの手元には、取材ノート、録音資料、映像資料、書籍、雑誌、袋ファイルに入れておいたコピーなどの資料が山積みになっているはずだ。

では、原稿を書くにあたって、何を主体にすべきか。

わかりきったことを訊くなと言われるかもしれないが、いろいろな書き手の作品を読んでいると、案外、既刊の単行本や雑誌の内容を中心に置いているものを見かける。しかし、これでは何のための取材だったのかわからないではないか。

原稿のよりどころは、あくまでも自分の取材ノートである。録音資料も、取材ノートに書き写すか、パソコンで活字にし別刷りの形で綴じておく。あなた独自の作品は、ここからしか生まれない。

次の作業は、索引作りである。私の場合は、B4サイズの厚手の白紙に、この項目に関してはノート何巻の何ページに書いてあるということを記していく。

『救急精神病棟』の取材ノートで言うと、かつて「電気ショック」と恐れられた「通電療法」については、ノート第三巻の四十六ページから五十八ページ、第五巻の三ページから二十四ページにかけて詳述されているので、3—46～58、5—3～24といった具合に書き込んでいく。あるいは、何という単行本や雑誌の、何ページに重要な情報が記載されているということを記しておく。

『アジア　新しい物語』の索引を、参考までにあげておこう（次ページ）。読みにくくて恐縮だが、取材ノートの全容を一枚の紙にまとめるようにしてある。できれば、索引は一枚の紙に収めたい。ただし、単行本でも大部のものでは、それは不可能なので、章ごとに索引を設ける。

索引の紙を厚手の白紙としたのは、通常の用紙ではほかのコピー資料などと見分けがつきにくく、資料の山に紛れてしまうおそれがあるためだ。

取材ノートを読み返しながら索引を作っていると、取材していなかった事柄や取材の突っ込みが浅かった点のあまりの多さに気づき、愕然となることがある。そんなときには、億劫がらずに取材のいわば〝穴埋め〟を行うことだ。この穴埋め作業は、原稿を書き進めながらでさえやらなければならない場合もあるけれど、ここで丹念に穴埋めをしておくことが作品の完成度に直結する。

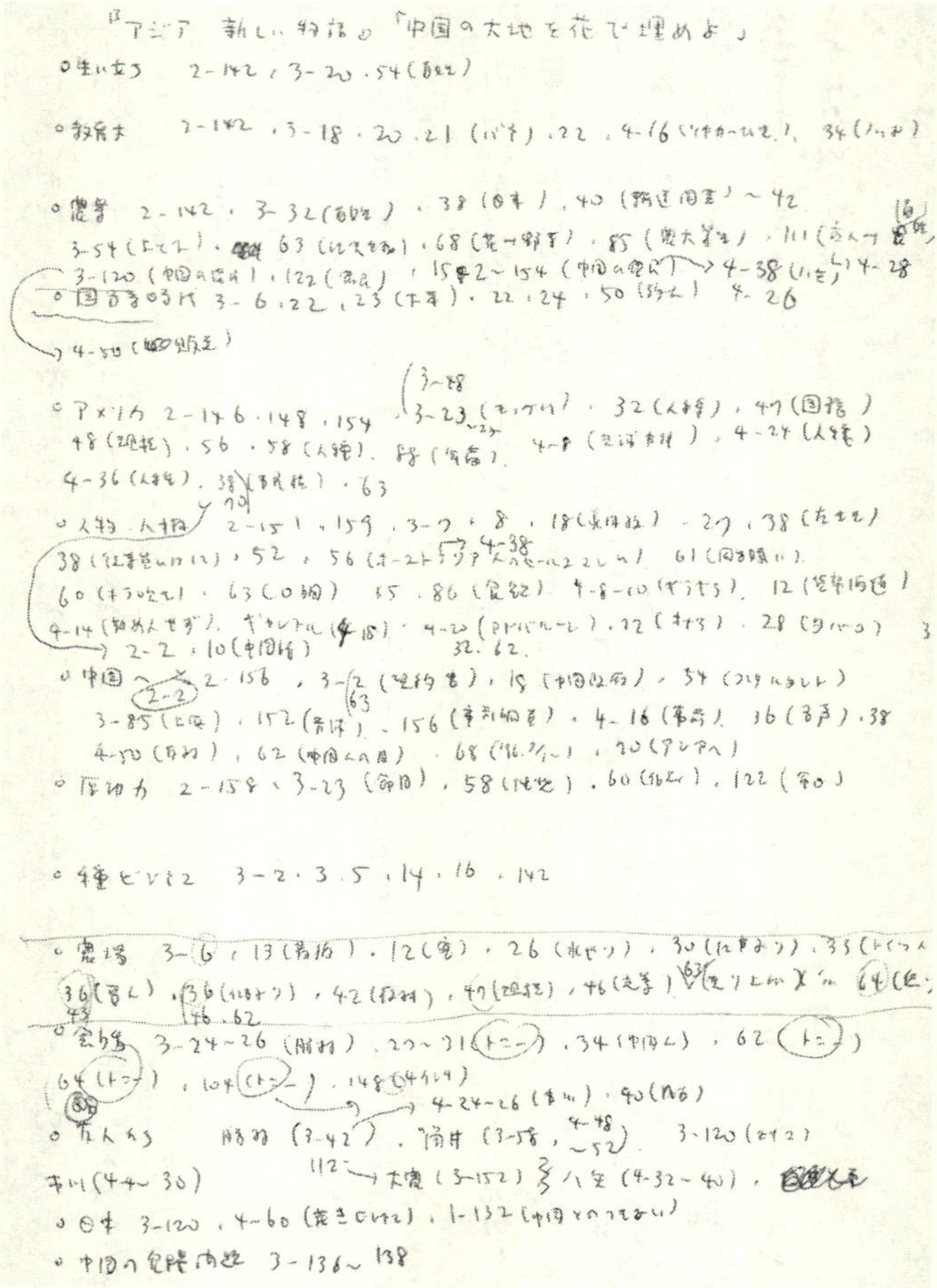
『アジア 新しい物語』「中国の大地を花で埋めよ」

『アジア　新しい物語』の索引（一部）

構成を決めてから書くか

これまで何度かジャーナリスト講座のようなところで話をしたとき、よく尋ねられた質問がある。それは、原稿を書く前、どのようにしてあらすじを決めるのかということだ。つまり、書き出しに何を持ってきて、話をいかにして盛り上げ、どのように書き終えるかという梗概《こうがい》の作り方についてである。

三島由紀夫は、最後の一行に何を書くかを決めるほど、緻密な梗概を作っていたという。三島の足元にも及ばないが、私も三十代の初めまでは、細かい梗概を用意してから原稿に取りかかっていた。そうしなければ、暗夜を灯《あかり》なしで歩くような心細さを覚えたからである。

だが、あるときから私は梗概作りをしなくなった。書き出しについては考え抜くけれど、あとは流れに任せるようにしたのである。

というのも、書き出しはこれで、次にこのことを書き、その次にあのことを記すといった具合にあらすじを決めてしまうと、どこか窮屈な文章になってしまう。流れるままに流れていた川を、設計図にのっとって水路に無理やり引き込んでしまうかのような不自然さを感じるのである。二十代のころ自分の原稿を読んだときにわれながら感じた堅苦しさは、そのせいもあるのではないかと思った。

当初は、梗概を作らずに原稿を書き進めるのに不安があったのだけれど、慣れてくるとこちらのほうがずっと心地よいことがわかる。もちろん書き出し以降の文章について考えていないわけではなく、だいたいこうした順序で書こうと漠然とは思案しているのだが、それにはまったく縛られないということなのである。次はこの話題を書くつもりでいたけれど、途中で話の流れが別の方向に行ったら、方針転換を躊躇しないという意味なのだ。

潜在意識というものがあるとするなら、すでに道筋は潜在意識がつけてくれているので、それに逆らわずに素直に流れていったほうが、ふくらみのある作品ができあがる。これは、小説家がよく言う、登場人物が勝手に動きだして、作者すら思ってもみなかった方向に話が展開していくのと同様のことなのかもしれない。

書き出してまもないころは、このような梗概なしのやり方に心もとなさを感じるだろうが、書きつづけていくうちに、こちらのほうが自分らしさを発揮できることに気づかされるはずだ。自分らしさとは、とりもなおさず書き手としてのあなたの個性である。

潜在意識があるとするなら、それを養い、育てる時間がどうしても必要になる。むかしから、原稿を書くには、酒が熟成していくのを待つような時間が要ると言われてきたのも、そのことを指している。小説の大家とは違って、私たちにはそんな熟成期間が悠長にあるわけではない。だから、取材をしている最中から、原稿をいかに書くのかをつねに念頭に置き、早めに熟成期間をとるようにしたほうがよい。

ペン・シャープナー

さあ、原稿を書く準備は整った。いざデスクに向かおう。

と言いたいところだが、なかなかそうはいかない。私のように長年この仕事を続けている者でも、原稿に臨むための気持ちを高めていくのが、けっこう厄介な作業なのである。原稿を書くという一点に神経を集中させるのは、プロでもたやすくないことなのだ。

そこで、プロの書き手には、自分なりの〝集中の儀式〟を持っている人が多い。たとえば、クラシック音楽を聴く。呼吸法を行う。太極拳をする。先年亡くなった吉村昭は、部屋中の掃除をした。柱などもぴかぴかに磨いてしまったそうだ。

私の場合は、緑の中をひたすら歩く。仕事場をいつも公園の近くに置いているのは、そのためである。以前の仕事場は吉祥寺の井の頭公園の近くにあったし、いまの仕事場も眼下に公園が広がっている。もし、どこかの公園で、早朝ひとりごとをぶつぶつ言いながら歩いている、険悪な顔をした男がいたら、それは私かもしれない。

もうひとつ集中の儀式に役立つ材料に、「ペン・シャープナー」というものがある。英語で記すと、pen-sharpener、つまりペン先を鋭くさせるものという意味である。

いったい何のことかと思われるだろうが、ペン・シャープナーとは、文章のカンを鈍らせないために読む本や、原稿を書く前に読むお気に入りの文章のことだ。エッセイストの外山滋比古によれば、慶応義塾の元塾長で現天皇が皇太子の時代に教育係を務めた小泉信三は、原稿が進捗しないときには夏目漱石を読むことにしていたという。評論家の荒正人は寺田寅彦を読むと頭の整理ができると言い、作家の加賀乙彦は大岡昇平を文章の手本としてきた。

私のペン・シャープナーは長らく山本周五郎と大西巨人だったが、自分なりの〝ペン・シャープナー手帳〟も作ってある。文章を読んでいて心を動かされたり、その表現に感心した文章に出会ったら、必ず専用のメモ帳に書き記すことにしてきたのである。これは二十代半ばからの習慣で、いまの手帳は七冊目である。

執筆の前には、この手帳を好きなところから広げて読みはじめる。すると、気持ちが徐々に書こうという方向に高まっていく。その瞬間を逃がさず書きはじめるのが、コツだ。気持ちが高まってきたのに、ペン・シャープナーのほうを読みつづけていると、意欲は再びしぼんでしまうもので、絶対にタイミングを逸してはならない（と、ほとんど自分に言い聞かせている）。

作家の宇野千代は、文章を書くときの心がけを次のように記している。

「毎日書くのだ。（中略）書けるときに書き、書けないときに休むというのではない。書けない、と思うときにも、机の前に坐るのだ。すると、ついさっきまで、今日は一字も書けない、と思った筈なのに、ほんの少し、行く手が見えるような気がするから不思議である。書くことが大切なのではない。机の前に坐ることが大切なのである。机の前に坐って、ペンを握り、さア書く、と言う姿勢をとることが大切なのである。自分をだますことだ。自分は書ける、と思うことだ」（週刊朝日編『私の文章修業』）

この宇野の文章も、私のペン・シャープナーのひとつである。

チャート

梗概を作らず、話の流れを重視すべきと述べたが、ただただ流れに任せて書けばいいというものではない。梗概の代わりに〝羅針盤〟の役目をするものは、やはり必要だ。それが「チャート」である。

チャートの一例として、『脳を知りたい！』の「脳と言葉」をめぐる章で用いたものをあげてみよう（次ページ）。

このチャートを作るうちに、頭の中が整理され、これから自分が読者に何を具体的に伝えようとしているのかが鮮明になってくる。

③脳と言葉

○脳の左半球＝言語優位半球

- 発話
  - 自発発話：44野・6野 ← 45野（ブローカ領域）← 左中前頭回（文の生成）← 左上前頭回（表出行動全般）← 10野（岩田説）
  - 環シルビウス溝言語領域（Ⓐ）← 環・環シルビウス溝言語領域（Ⓑ）← 全脳活動（山鳥説）
  - 物品呼称・復唱：44野 ← 後方領域
- 理解
  - 単語の音声認識の中枢 → ウェルニッケ領域（岩田説）（22野を含む）
  - ウェルニッケ領域 ← ・人名…38野 ・動物名…20野・21野 ・道具名…37野
  - ・色名…37野
  - ・動詞…37野
  - ・身体…39野＝角回（← 頭頂葉）・空間関係・建物 → 感覚情報が収斂するところ
  - Ⓐで音韻 ← Ⓑで文 ← 全体で状況の把握（山鳥説）

- 読み書き（岩田説）← 二重神経回路仮説
  - 読み
    - かな：左後頭葉外側部 ↔ 視覚領域・聴覚領域・体性感覚領域
    - 漢字：左側頭葉後下部
    - 語音 ← 語全体
  - 書き
    - かな：左角回（頭頂葉領域）
    - 漢字：左側頭葉後下部 → ［視覚的イメージ］→ 頭頂葉領域（左角回）→ 視覚的に構成

失語症はたいてい読み書きにも障害

●言語領域孤立症候群（超皮質性統合失語）：発話も理解も×。復唱は○（領域→野、cf.失語症、統合→感覚）

ウェルニッケなどの言語領域はやられていない

↓

意味を生み出したり理解したりするのはここではない → ☆運動系列予測学習仮説（乾敏郎氏）

↓

・意味を生み出すのは37野・21野

・ウェルニッケの外側の領域が大事

●脳 ⇄ 心 ⇄ 言葉（山鳥説）

☆言葉の想起（辰巳格氏）

- ・生物名 ― 両側側頭葉下部
- ・無生物 ― 左側頭・頭頂接合
- ・人名etc.の固有名詞 ― 両側側頭角
- ・音韻 ― 左下前頭回

『脳を知りたい！』の「脳と言葉」チャート

①言葉によるコミュニケーション

○言語活動＝意味の記号化
　　　　　　聴覚的な信号

○発話＝話す
　→考え → 単語・文 → 音（音韻）の系列 → 音声

○理解＝聞く・聞きとる
　→状況の把握 → 言葉の全体の理解 → 意味の理解
　音声のある時間的かたまり → 文 → 単語 → 音
　（全体 → 部分）

心 → 考え（思想）――（記号化）→ 解読 → 心
　　　　　　　　　　　↑　　　　考えの再生
　　　　　　　　　　言葉

②失語症研究

○歴史
・ブローカ失語…話すことの障害／文法障害
　　　　　　　　発話＝表出
・ウェルニッケ失語…聞きとることの異常／錯語・新造語
　　　　　　　　　　理解＝受容

○処理能力
・音（音韻）→ 復唱ができるかできないか
・意味

チャートも索引と同じく、一枚の厚紙に収めたほうがよい。これら二枚の厚紙をいつもかたわらに置き、目をときどき遣りながら、文章を紡《つむ》いでいくのである。

書き出しに全神経を注ぐ

書き出しをどうするか――、これが最初にぶつかる難題である。

書き出しの大切さは、いくら強調してもしすぎではない。

私の場合、書き出しさえ決まれば、文章はおおむねスムーズに流れていく。逆に、これで行こうという確信が持てずに漫然と書き出すと、決まって文章が滞ってしまう。書き出しには、その文章を書く力の七、八割を注ぐべきだとすら、私は思う。

改めて言うまでもないが、文章を読むのは、かなり意志的な行為である。テレビを観たり音楽を聴いたりするような受け身の行為ではない。しかも、私たちが書く、発表を前提とした文章は、書き下ろしの単行本を除けば、たいてい紙面（誌面）のほんの一部を構成しているにすぎない。

どんな状況下で読者が文章を読むのかに思いをめぐらしてみると、書き出しの重要性がよくわかる。通勤・通学の途中、休憩時間、食事の最中、トイレの中、就寝前のベッドの中……、身も蓋もない話だが、ひまつぶしに読む場合が大半ではなかろうか。最初の五、六行に目を通して興味が湧かなければ、さっさとページをめくっていく。あなたや私がふだんしているとおりのことを、私たちの文章を読む読者もするのである。

書き出しで見放されたら、あとにいくらよいことが書いてあっても、読んでもらえない。だからこそ、書き出しに全神経を注ぐべきなのである。

書き出しに鉄則はない。読者に「おや？」と思わせれば、どんな書き出しでもかまわない。

ただ、初心者のうちは、いきなり会話文というのは避けたほうがいい。また、「ドーン、ドーン」「ワァー、ワァー」「ぷかりぷかり」といった擬音語や擬態語も使わないほうが無難だろう。

小説家による文章読本の類には、必ず書き出しの見本がいくつかあげられているものだが、ノンフィクションのガイドブックには実例をあげているものがほとんどない。「吾輩は猫である。名前はまだ無い」や「木曾路はすべて山の中である」のような人口に膾炙《かいしゃ》した短文の名文が少ないのは、ノンフィクションでは事実が織りなすドキュメンタリーの世界に読者をいざなうための入り口として、書き出しにもある程度の分量が必要だからかもしれない。

書き出しの名文

ノンフィクションの書き出しの手本となるような文章を、短編の中から引用してみよう。

〈例文①〉辺見庸『もの食う人びと』より「残飯を食らう」——


薄暮のダッカ駅周辺をさまよい歩いていた。

天から降り地からも噴き湧いてくるような、褐色の人の群れと、リキシャ（自転車で引く人力車）の洪水にはじかれ、おびえながら。

長く尾を引くラッパの音に誘われて来たのだ。

その時まで、私の舌と胃袋は、連夜の送別会で食った特上寿司やしゃぶしゃぶの味をしつこく覚えていた。

未練である。記憶を消したい。

南のチッタゴンへと続く、ぺんぺん草だらけの線路を渡った。

すると、なま暖かい風が吹いて、獣のにおい、カレーの香り、ドブ川の悪臭が、いちどきに鼻と口を襲ってきた。高価な日本の味の記憶が、それで消し飛んだ。

前章でも引用した『もの食う人びと』には、書き出しの模範となるような短編ノンフィクションが何編も収録されているので、未読の方はぜひお読みいただきたい。

この文章は、著者が日本を出て、最初の目的地であるバングラデシュの雑踏に紛れ込んだ場面を描いたものだが、「未練である。記憶を消したい」の一節が効果的である。日本とバングラデシュとの途方もない落差が、著者の肉体的な感覚を通して浮かび上がり、最後の「高価な日本の味の記憶が、それで消し飛んだ」で、読者もろとも現場に入り込んでいく。よく練られた、強い導入部である。

〈例文②〉沢木耕太郎『敗れざる者たち』より「さらば 宝石」——

ひとつの噂がどこからともなくきこえてきた。

それはプロスポーツの元プレイヤーに関する無惨な話だった。もちろん、プロスポーツが栄光と分かちがたく存在するかぎり、プレイヤーは常に悲惨と隣り合わせに住んでいる。栄光という名の眩《まばゆ》い輝きの下に生きた者の、とりわけ「その後」の人生についての無惨な話は、格別珍しいものではない。

しかし、ぼくは、その何でもないはずのひとつの噂話に躓《つまず》いてしまったのだ。噂の主人公は、プロ野球の元選手だった。

Ｅ……という。彼は戦後日本のプロ野球が生んだ名選手のひとりである。川上哲治、山内一弘に次いで史上三番目に二千本安打を記録した。その彼が引退した今もなおトレーニングを続けているというのだ。引退して数年たつのに、Ｅは依然として三時間から六時間のハード・トレーニングを自宅で続けている。彼の家の近くを通ると、苦し気な表情をして走るＥの姿をよく見かけることがある。噂はそういうものだった。いつかどこかの球団が自分を必要とし迎えに来てくれる、と頑《かたく》なに信じこんでいるらしいというのだ。

……どうです。続きが読みたくなるでしょう？

冒頭の「ひとつの噂」を読者に印象づけるために、「無惨」「栄光」「悲惨」「栄光」「無惨」といった具合に、〝暗〟と〝明〟を交互に配し、スポットライトが激しく点滅するような効果をあげている。それに続いて、「Ｅ……という」と、イニシャルだけでその大選手の名を記し、ためらいと思い入れをこめながら、「Ｅ」とは誰なのか、という謎をかけてもいる。「苦し気な表情をして走るＥの姿」が読者の胸に食い込んでくる。二十代でこんな文章を書いて見せた沢木の才能のきらめきを、改めて感じさせる書き出しである。

海外の作品からも実例を紹介したい。

〈例文③〉ボブ・グリーン『アメリカン・ビート』より「お尻のコピー」――

新しいコピーの機械が会社に入ったとき、ジョディ・スタッツはどうしてもやらなくては、と心に決めた。結局はそれがもとで会社をクビになってしまうのだが、彼女は一度こうと決めるとどうしてもやらないと気がすまないたちだった。

二十一歳になるスタッツ嬢は、イリノイ州のモリーンにある大農機メーカー、ディアー社の秘書をしていた。一日中コピーの機械を見て過ごす彼女は頭のなかで、いつでもあのことばかりを繰り返し考えていた。

「なんとしてもお尻のコピーを取らなくちゃ」スタッツ嬢は自分に言いきかせた。

もっと若いころは自分の顔のコピーをよく取っていた。コピーの機械のふたをもち上げ、ガラスに顔を押しつけ、目をやられないようにしっかりと目を閉じて、開始のボタンを手探りで探す。コピーの機械が音をたて、やがてコピーが出てきた。白黒で輪郭が実にくっきりとでている。

だが、今度の新しい機械の性能はそんな程度ではない。とってきのものが取れるはずだ。

終業時間を待った。ほかの社員が全員帰ったのを見はからって、スタッツは見張りをしてもらうために別の秘書に声をかけた。それからひとりコピー室に閉じこもると、大急ぎでパンティを下ろして、コピーの機械に飛び乗り、その上に座った。スタート。

……これも、続きをいますぐにでも読みたくならないだろうか。

「どうしてもやらなくては」「一度こうと決めるとどうしてもやらないと気がすまない」という切迫した表現に、なにごとかと思わせておいて、それが新しいコピー機で自分のお尻のコピーを取ることだというオチで、読者をなごませ、風変わりで好奇心旺盛な主人公「ジョディ」への親近感と関心を高める仕掛けになっている。

著者のボブ・グリーンは、一九八〇年代から九〇年代にかけてアメリカで最も人気があったコラムニストで、私事を言えば、彼が来日したときロング・インタビューをしたことがある。

ところが、二〇〇二年、女子高校生との「淫行」が発覚し、長年つとめた『シカゴ・トリビューン』紙を退職するはめに陥った。そのいきさつは定かでないが、この『アメリカン・ビート』と『チーズバーガーズ』は名作なので、ネット古書店などで手に入れる価値はある。

以上が短編ノンフィクションの書き出しの好例だが、ひとつ困ったことが生じた。長編ノンフィクションで私が例示したい書き出しは、さらに長いものがほとんどなのである。やむなく、作品名を順不同にあげるだけに留める。
○竹中労『聞書アラカン一代　鞍馬天狗のおじさんは』
○本田靖春『誘拐』
○立花隆『宇宙からの帰還』
○佐野眞一『旅する巨人』
○杉山隆男『メディアの興亡』
○船橋洋一『ザ・ペニンシュラ・クエスチョン』
○ゲイ・タリーズ『汝の父を敬え』
○デイビッド・ハルバースタム『ベスト&ブライテスト』
○ラリー・コリンズ／ドミニク・ラピエール『さもなくば喪服を』
○ロバート・カーソン『シャドウ・ダイバー』

これらのノンフィクションは作品としても完成度が高いので、一読をおすすめしたい。もっとも書き出しはさほどよいとは思われなくても、作品としての水準は抜きんでている吉田司の『下下戦記』のような作品もあることを付記しておこう。

書き出してから

原稿の書き出しが決まれば、しばらくは滑らかに文章が流れていくはずだ。もし流れていかないとしたら、自分の中で何を書こうとしているのかがまだ煮詰まっていないからである。もう一度、取材ノートや資料を読み直し、構想を描いてから、書き出しを再考すべきであろう。

書き出してからの注意点を箇条書きにしてみる。

○あくまでも自分の取材ノートを中心に置く。資料からの引用は極力ひかえたほうがよい。

○自分が心底おもしろいと思ったことを軸に話を進める。

初心者のうちは、せっかく取材で集めてきた事実だからというので、「あれも入れたい、これも使いたい」となりがちだ。また、テーマに固執して、「これは書くべきだ、あれも読者に伝えるべきだ」といった一種の使命感にもとらわれやすい。そうならないために初心者のうちは「自分がおもしろいと思ったことしか書かない」と宣言するくらいがちょうどいい。

○取材で集積した事実のうち、実際に使うのはせいぜい十分の一程度、できれば二十分の一以下が望ましい。そうしないと、作品の輪郭がぼやけてしまう。言い換えれば、いかに取材データを惜しげもなく捨てられるか。その思い切りのよしあしで、作品の出来不出来が決まると言ってもいい。

どこを生かし、どこを捨てるかの選択は、やはり書きつづけることで身につけるしかない。概して、捨てる量が多ければ多いほど、作品の質は向上するものだ。これを「削除のための勇気」と言った評論家もいる。

○いったん文章が流れだしたら、流れに乗っていく。これも先述したことだが、この流れこそが、あなたの文章の持つリズムであり、すなわち書き手としてのあなたの個性なのだ。私は、自分の文章のリズムを数多くの読者に心地よいと感じさせる書き手でなければ、プロにはなれないと考えている。

○テーマは事実によって語らせ、論によっては語らせない。これはノンフィクションの鉄則である。その対極にあるものがアジテーションなのだが、最近では取材不足を声の大きさでごまかしているアジテーターが、この業界にも増えてきた。

○文章にメリハリをつける。自著の書評でたびたび「抑制された筆致」とか「淡々と記述」などと評されてきた私でさえ、つねに文章にメリハリをつける工夫をしている。だが、メリハリのつけ方があまりにオーバーだと、必ず読み巧者の顰蹙《ひんしゅく》を買う。俳優の演技にたとえるなら、「クサい演技」になってしまうのである。

文章が平板にならず、かといってクサくもならない。このあたりの兼ね合いも、書きつづけることでおのずと習得していくにちがいない。

○「私」が顔を出すのは、そうしたほうが効果的な場合のみに限る。

仲介者になる

この意見に対しては、ノンフィクションの書き手のあいだからも異論が出るかもしれない。しかし、私は原則として、取材した他者について文章で表現する営為がノンフィクションであると考えている。

ノンフィクションライターは、伝えたい、もしくは伝えられるべき事実を持つ他者と、その事実を知りたい、もしくは知るべき読者とを結び付ける「仲介者」に徹するべきではないか。「仲介者」とは英語で「メディエイター」と言い、とりもなおさず「メディア」と同じ語源なのである。

私が「仲介者」の考えを抱くようになったのは、フィリピンの共産ゲリラ「新人民軍」に従軍したときの体験によるところが大きい。私が従軍したゲリラ地帯は、ルソン島北部の山岳地帯にあり、「イゴロット」（山の人）と呼ばれる少数民族が暮らす地域と重なっていた。

そこでイゴロットの人々と五ヵ月ほど寝食を共にしてよくわかったのは、マスメディアが一切存在しない地域で情報はどのように生まれ、伝わるのかという、メディアの原初形態とはどんなものかについてである。

イゴロットの各村には、私が「叫ぶ男」と名付けた男たちがいた。その男は、村人が対立する部族に殺されたり（イゴロットには長らく部族抗争の際の〝首狩り〟の風習があった）、田んぼの脇の番小屋につなぎとめてあった水牛が盗まれたりしたときに、忽然《こつぜん》と姿を現す。そして、村で一番見晴らしのよい高台に駆け上がり、ヨーデルを思わせる発声で異変や事件の勃発を村中に告げるのである。「叫ぶ男」の連呼が谷あいの村にこだますると、人々は農作業や機織《はたお》りの手を休め、いっせいに耳を傾ける。緊張が走り、ことの重大さによっては村長や長老たちが動きだす。

阪神大震災直後の神戸にも、「叫ぶ男」は至る所に出現した。マスメディアの機能がほとんど壊滅してしまった当初、被災した家々のドアをノックしながら、

「いますかァ！　出られますかァ！」

と声を張り上げる茶髪の高校生や、

「前の八百屋さんのところは水が出ますんで、取りに行かれたらいかがですか」

とドア越しに話しかける女性の姿が、私にはイゴロットの「叫ぶ男」の姿と重なり合っ

て見えたのである。

フィリピンの山間部であれ大震災後の被災地であれ、マスメディアが存在しない場所には、自然発生的に「叫ぶ男」が現れる。これがメディアの原型であり、私もそのような叫ぶ男になりたいと願うようになっていった。叫ぶ男の本来の役目は、情報を媒介して、コミュニティーの危機を救うところにある。

このような観点からすると、「私」はノンフィクション作品の中で極力目立つべきではない。「私」が前面に出るノンフィクションは、書き手自身がよほど稀有《けう》な体験の持ち主であるか、テーマ上やむをえない場合か、あるいはライターの自己顕示欲が先立ってしまったか、これらのいずれかで、私の知るかぎり、最後のケースが断然多い。

卑下でも謙遜でもなく、私は自分自身を、たいしておもしろい人間とは思っていない。私よりおもしろい人や、世にも稀な体験をした人、本来あってはならない非人間的な体験に苦しめられてきた人、これを世の中に伝えなければ死んでも死に切れないと思っている人は、それこそ無数にいる。

各自の持ち場で、人知れず〝ファイン・プレー〟をしてきた人も数多い。

私は作家・山口瞳が言った、

「ジャーナリストとは、他人のファイン・プレイを探して世の中に紹介する仕事だ」（『江分利満氏大いに怒る』）

という言葉の信奉者である。

ここで言うファイン・プレーとは、イチロー選手の美技のようなものを指すのではなく、たとえば重篤な統合失調症から懸命に回復しようとしている人も、老舗企業の伝統を受け継ぎつつ世の中の役に立つ新製品を開発しつづけている人も、私から見ると立派なファイン・プレーをしていることになる。その意味で言えば、あらゆる人は自分自身でも気づかないファイン・プレーを、人生のどこかで必ずしているのである。

こういった人たちのことを読者に伝え、もしそれが読者にとって、この生きがたい世を生きるうえでの糧《かて》にいくらかなりともなったり、世の中が多少でもましな方向に動いたりすれば、書き手としてこれにまさる喜びはない。なにか口幅ったい言い方になったけれど、私は「ノンフィクションを書く」という仕事を、そんなふうにとらえてきた。

優れたノンフィクションのパターン

○短編ノンフィクションを書くときの心構えは、「ワンテーマ」である。たとえば、『AERA』に長期連載されている「現代の肖像」が、原稿の分量で言うと、四百字詰め原稿用紙にして十八枚から十九枚程度である。月刊誌にはもう少し長めの原稿を掲載できるが、それでも平均して三十枚から四十枚くらいであろう。

週刊誌にせよ月刊誌や季刊誌にせよ、だいたい二十枚弱から四十枚くらいのあいだが標準枚数なので、ここにあれやこれや詰め込むと、読者にとっては取り散らかった読後感しか残らない。それゆえ、読者に一番伝えたいポイントを明示し、そのポイントをさまざまな角度から浮き彫りにしていくのが、最も理に適った表現法である。読者が一読したのち、あなたの伝えたい「ワンテーマ」を了解できれば、それで短編は成功したと言える。

○優れた長編ノンフィクションの条件は、「これでもか、これでもか」である。つまり、書き手がテーマに対して波状攻撃を仕掛けていることが、読者に実感されるようなイメージである。自分の持っていた常識や固定観念が、事実によって覆され、目を瞠《みは》る思いを味わうのが、ノンフィクションを読む醍醐味のひとつであるとするなら、そうした瞠目が一度のみならず、二度、三度と繰り返されるのが、長編ノンフィクションの秀作の条件である。そのために、章立てがきわめて重要なのは、言をまたない。

○章立てのさい参考になるのが、ミステリーの構成法である。私は「構造の絵解き」こそノンフィクションのおもしろさの核をなすと考えているので、ミステリーの手法はきわめて有効である。上質なミステリーの濫読をおすすめしたい。

逆に、小説家がノンフィクション的な文体によって、ミステリー仕立ての作品を書くこともある。古くは大岡昇平の『事件』が、最近では宮部みゆきの『理由』が、そうした作品の代表格なので、手法を学ぶために一読の価値はある。

○紙の上に書かれた人物像を、読者の眼前に立ち上がらせるために、全力を尽くす。なぜなら、主要な登場人物たちの姿が、読者の脳裏に鮮やかな像を結んでこそ、作品には生命が吹き込まれるからである。主人公を例に引くと、書き手が選択した主人公の発言や人物描写、その周りの情景描写、周辺のもろもろの事実などすべては、主人公を生身の人間として読者に深く実感してもらうため、まさにその一点に向かって収斂《しゅうれん》されていく。

私は以前、テーマ性の強いノンフィクションを書くとき、どうしてもそのテーマに引きずられ、仮に将棋の盤面がストーリーとすると、登場人物たちは将棋の駒になってしまう場合が多かった。テーマ性の強いストーリーに従って、登場人物たちが動いていく書き方になりがちだったのである。その愚に気づいたのは、三十代の初めであった。

たとえ、読者に強く訴えかけたいテーマが書き手にあったとしても、テーマをテーマとしてそのまま提出すると、まず間違いなく失敗作になる。そうではなくて、登場人物たちをいかにいきいきと描くかに腐心したほうが、結果としてテーマも自然に浮かび上がり、読者の胸に届けられるのである。当たり前のことと思われるかもしれないが、当時の私にとっては〝コロンブスの卵〟のような発見で、このことを自覚したとき書き手として一皮むけた気がしたものだ。

○余韻のある終わり方を心がける。芝居でも、幕開けと共に幕切れが重要である。読み終えたあと、登場人物たちのその後に読者が思いを馳せる終わり方ができれば上出来である。

結末に差しかかって、あれも書いていない、これも入れておきたいとばかりに書きつらねると、作品に締まりがなくなってしまう。前述した「削除のための勇気」が、結末では特に必要になる。

ここまでを簡単にまとめると、まず書き出しで読者を作品世界に引き込み、自分の流れとリズムに乗せて引っ張り、いくつかの山場を作りながら「構造の絵解き」を見せ、そして余韻を残しながら終わる、というのが、優れたノンフィクションの最も一般的なパターンである。

推敲する

以上にあげた諸点に留意しながら、作品をひととおり書き終えたとしよう。だが、むろんこれで終わりではない。

○自分の書いた文章を読み返すときには、必ず声に出して読むこと。黙読した際には「このままでよい」と思えた文章でも、声に出してみると、つっかえたり言いよどんだりするものだ。そのときには、ためらわずに書き直す。

私が取材してきた脳の働きから考えても、視覚だけから情報が入る場合と、視覚だけでなく聴覚からも情報が入る場合とでは、脳の活動する部位が著しく違ってくる。私見だが、単に「見る」だけでなく、そこに「話す」「聞く」という行為を加えることによって、文章はより〝肉体化〟されるのではないか。

最近の認知科学には「アイデアは食べ物である」という考え方がある。他人の言葉や文章(つまりアイデア)を「飲み込み」「咀嚼」し「反芻《はんすう》」するといった具合に食べ物として扱う表現は、日本語や英語のみならず世界中の言語にあるという。だから、アイデアを理解しきれなかったときには、「消化不良」を起こすわけだ。

他人の書いた文章を読む行為は、他人の作った料理を食べる行為と、本質的には変わらないのかもしれない。とするなら、より〝肉体化〟された文章のほうが、「飲み込み」やすいし「咀嚼」もしやすいということになる。

自分の書いた文章を声に出して読むことは、自分ならではのリズムに言葉を乗せることだ。あなたの文章の持つリズムこそ、あなたの個性である。だから、何度でも強調したい、自分の書いた文章は声に出して読もう、と。

○そして、推敲の労を惜しまない。『毎日新聞』の名物記者だった内藤国夫の、「(自分が)書きやすいものは、(読者には)読みづらい。ラクして書いたものは、読むのに苦労する。反対に苦労して書くと、読む方は、読みやすい」(『私ならこう書く』、括弧は筆者)という指摘は、まさに正鵠《せいこく》を射ている。

私は三十歳を過ぎたころ、ノンフィクション作家の本田靖春に、こうアドバイスされたことがある。

「自分は作家だと思わないで、『職人』と思ったほうがいいですよ。どんな職人でも、一人前になるには最低十年はかかるでしょう。ノンフィクションを書くというのも、年季のいる仕事でね。一人前になるには、十五年はかかると覚悟しといたほうがいいんじゃないかな。毎日の仕事を、職人みたいにコツコツと積み重ねていくことですよ」

このアドバイスほど励みになり、あとで思い返してもうなずけた言葉はない。太宰治や東海林さだお(人気漫画家にして当代屈指の文章家である)のような文章の天才でないかぎり、最初のうちは下手で当たり前なのである。

推敲のさなかに「もうこの辺でいいだろう」と中途半端なところで妥協してはいけない。自分がすっかり納得できるまで、書き直しをすることが、文章上達の秘訣である。

第六章　人物を書く

基本は人物ノンフィクション

ここから、ノンフィクションを人物・事件・テーマの三種類に分け、実例に即して要点を記していこう。本当は私以外のノンフィクションライターの秀作を例に引きつつ説明したいのだが、全文引用となると著作権の問題などがあるため、やむなく拙文を俎上《そじょう》に載せることにする。

まずは、人物ノンフィクションからである。

人物ノンフィクションは、すべてのノンフィクションの基本中の基本である。一人の人物についてさまざまな角度から取材し、読者の多くに感銘を与える作品が書けるようになれば、どんなノンフィクションにも対応できるはずだ。

登場人物の息づかいやぬくもりが読者に伝わって初めて、読者は登場人物が関わる事件やテーマに興味を示し、理解を深めていける。これからノンフィクションを書こうとしている読者は、何はさておき一人の人物を、血の通った生身の人間として描けるようになることを、当面の目標にしていただきたい。

ちなみに、私が以前、東京・水道橋の日本エディタースクールで一度だけおこなったノンフィクションの連続講座では、人物ノンフィクションの例文として、山際淳司の『江夏の二十一球』（『スローカーブを、もう一球』所収）を使った。また、事件ノンフィクションでは佐木隆三の『黒い満月の前夜に』（『殺人百科　二』所収）を、テーマ・ノンフィクションでは本多勝一の『田中角栄を圧勝させた側の心理と論理』（『そして我が祖国・日本』所収）を、それぞれテキストに使用した。

私がこれから紹介するのは、『AERA』（一九八九年一月三／十日号）の「現代の肖像」に掲載された、歌舞伎俳優・市川笑也《えみや》の人物ノンフィクションである。編集部がつけた見出しは、「大部屋育ちの『玉三郎二世』」。八〇年代末の話で時代を感じさせるエピソードがいろいろと出てくるが、ともあれお読みいただきたい。

＊　＊　＊

ワープロのコマーシャルに、見慣れない若者たちが登場しはじめている。

ソニーは高橋源一郎を、松下電器は椎名桜子をそれぞれ起用して、新機種を発表した。二人は、ともにいま売り出し中の作家だが、知名度はさほど高くない。この人選はおそらく知的イメージをねらったものであろう。対照的にサンヨーの今井美樹や日立の後藤久美子は、いわゆる新世代の有名タレントである。

しかし、NECが選んだ市川笑也ほど、意外性を感じさせるワープロのCMキャラクターはいない。

なぜなら、市川笑也は知名度でも知的イメージでも、一般にはあまり浸透していない若手俳優だからだ。それに、彼のいる世界は、ワープロという時代の先端をゆく商品とは対照的な、伝統を固守する歌舞伎界である。彼はしかも、名門出身のいわゆる御曹司《おんぞうし》ではない。本来なら一生脇役で終わるはずの、大部屋から育ってきた役者なのである。

だが、この二十九歳になる青年がいま、「玉三郎二世」と呼ばれているのだ。

東京・歌舞伎座の楽屋口——。

「歌舞伎稲荷大明神」と書かれた大きな神棚の下を通りすぎると、タイム・トリップしたかのような別世界が現出する。荒々しい隈取《くまど》りをした武者が、仁王のように立っている。十手を持った捕《と》り手《て》たちが、小走りに行きかう。萌黄《もえぎ》色の着物に胸高帯《むなだかおび》を締めた腰元《こしもと》連が、しゃなりしゃなりと歩いていく。まばゆいばかりの色彩の海だ。この楽屋の三階に、四、五十畳はあろうかという大部屋がある。

市川笑也は、ひとり鏡台に向かい、白粉《おしろい》を首に塗っていた。紺の縦縞《たてじま》の入った着物を着、かつらはまだ着けていない。後ろ髪の短さと襟足《えりあし》の白さが、奇妙にアンバランスな印象を与える。少し離れた畳の上に、人気コミックの『ビー・バップ・ハイスクール』第十巻が一冊。そばで黒子《くろご》姿の役者たちが、あぐらをかいたり寝そべったりして、バックギャモン（西洋すごろく）に興じている。

笑也が、ぼそっとつぶやいた。

「きょうは、きれいな顔じゃないんです、化粧ののりが悪くて」

顔は鏡の方に向いたまま、手も休めない。

「一番よくないのは、二日酔いの日なんです。顔がほてってますから、刷毛《はけ》で塗ったとたんに乾いちゃう。前の日に豚肉のバラを食べると、いいみたいですね。脂《あぶら》が顔に浮いてくるんですよ」

化粧ができあがったとき、笑也は男である日常から、すっと離れる。自分は女だと言いきかせ、トイレも女性用しか使わない。この日の舞台は、河竹黙《もく》阿弥《あみ》原作の通し狂言「加《か》賀《が》見山再《みやまごにちの》岩藤《いわふじ》」。笑也は、恋人を救うため苦界《くがい》に身を沈める「おつゆ」という健気な処女《おとめ》の役である。

出の一分程前になると、笑也は舞台袖の暗がりの中で、自分の役柄に没入しようと意識を集中する。そして「私はおつゆ、私はおつゆ」と小声で繰り返し、ひとつ深呼吸をしてから、まぶしいほどに明るい舞台へ歩み出ていく――。

市川笑也は昭和三十四年四月、青森県八戸市に生まれ、育った。東北屈指の漁港と臨海工業地帯で知られるこの街は、歌舞伎とは縁もゆかりもなさそうに見える。が、笑也の母・綾子は、戦後まもないころ年に一度くらいの割合で東京から来る歌舞伎の巡業を、母や姉妹たちと心待ちにしていた。

昭和二十四年、東京の中学に進んだ綾子は、上京してすぐ歌舞伎の魅力にとりつかれる。中村歌右衛門や松本幸四郎ら贔屓《ひいき》の役者が出るときは、下校の途中、毎日のように歌舞伎座の一幕見《ひとまくみ》に通ったものだ。

綾子の母は日本舞踊から長唄・常磐津《ときわづ》まで芸事百般に通じた人で、綾子も琴や生け花をたしなむ。高校卒業後、八戸に帰り、まもなく結婚して三男一女をもうけた彼女は、子供たちを男女の区別なく仕付けた。男の子にも全員、琴と生け花を習わせ、料理やアイロンかけを教えたのである。

「ええ、男も女も同じ人間ですから」

この母の影響を、「市川笑也」こと泉山太男《いずみやまたかお》は人一倍強く受けて成長した。

「太男」という名前の持つイメージとは裏腹に、彼は繊細でおとなしい子供だった。

「太男は幼稚園のころ、ひどく吃《ども》ったことがあるんです。先生がきつい言い方をするので、傷つけられたんでしょうか。一時は言葉がほとんど出なくなるほどでした」

この人見知りをする性向は、高校時代まで彼を悩ませた。たとえば、高校へ通学するバスに他校の制服やセーラー服が目立つと、それだけで気後れして乗れなくなってしまう。遠出をするときは、いつも兄や従姉《いとこ》に付き添ってもらわなければならなかった。

だが、小学校から高校までの同級生や担任の教師たちは、彼のそうした一面にまったく気づいていない。「明るくて、人なつこい」「先生のものまねが上手で、人を笑わせるのが得意だった」「アイスホッケーの選手だったが、クラスではあまり目立たなかった」、そして、誰もが口にするのは、

「泉山君が、まさか歌舞伎の女形《おやま》になるとはねえ」

八戸工業大学附属第一高校の二年のとき、太男に大きな転機が訪れる。パックツアーではあったが、初めて海外へ行き、二週間ほどをかけてフランスやイタリアなどヨーロッパの国々を見てきたのだ。

「対人恐怖症みたいだったので、うちの両親が不安に思ったんでしょうね。三十五万円くらい出してくれて、行ってきなさい、と。ぼくはいやでね。知らない人たちと一緒だから、その不安感と時差ぼけで、パリに着いてからまる一日ベッドで寝ていたんです。ところが、次の日に起きたら、気分がすがすがしいんですよ、日本じゃないというところがね。それから一人でパリの街を歩きまわることを覚えたんです」

街並みの原色が、目に鮮やかだった。カフェテラスの屋根の赤、壁の白、そして初めて

近くで見たフランス人少女の人形のような金髪。

「おそらくあの日からですよ、ぼくの人生が変わったのは」

という彼の言葉に、誇張は感じられない。

そのころ太男は、染色家を志していた。もともと色彩感覚には鋭いものがあったのだろう。小中学校を通じて、図工の成績はいつもずば抜けていたし、高校では文化祭のポスターを描いている。だがしかし、東京の美術大学の受験には失敗してしまった。

歌舞伎との運命的な出会いは、浪人生活を覚悟して八戸の自宅に戻っていたときである。居間で母親とテレビを見ていたら、画面に国立劇場養成課が歌舞伎俳優研修生を募集しているという案内が映った。期間は二年で、卒業生は歌舞伎の世界に迎え入れられるという。

「これ、やってみたら」

母親のすすめに、彼はごく素直にうなずいた。歌舞伎なら友禅染めの着物を間近に見られるから、染色の勉強にもなるだろう、やってもいいな――、そんな軽い気持ちだったという。

母の綾子には、だが、もっと深い思いが秘められていたにちがいない。彼女は、東京の高校を卒業したのち、大好きな歌舞伎と同じ舞台の世界に憧れて、松竹歌劇団を目指したことがある。しかし、実業家の父は絶対に許さなかった。彼女は最後の最後に、夢をあきらめた……。

後年、太男が舞台に立つようになったとき、綾子の老父は彼女にこう言った、「おまえは、自分ができなかったことを太男にさせているんだな」と。

太男が国立劇場養成課の第五期生になったのは、昭和五十三年四月のことである。そのとき十二人いた同期の歌舞伎研修生は、二年後の卒業時には半分の六人に減っていた。この数字は、研修所生活の厳しさを如実に物語る。

綾子は、夏休みに帰郷したわが子を見て、びっくりしたことがある。頭がこぶだらけで、場所によってはこぶの上にこぶができていたのだ。同期生の市川新次は、苦笑しつつ言う。

「坂東八重之助さんという人間国宝にもなった殺陣《たて》の先生がいましてね。すぐ木刀でぽかりとくる。よく殴られるやつは決まっていて、泉山はあまりやられない方でしたけどね」

これほどの厳しさには理由がある。教師たちは、歌舞伎とまったく無縁の生活を送ってきた若者たちに、正座の仕方から教え、わずか二年で舞台に送りださなければならないからだ。

学費は無料に近かった。いや反対に、「交通費」という名目で、毎月九千円が太男ら研修生に国費から支給される。いわば、国がお金を払って青年たちを呼び集め、一日約六時間という短期集中型の授業で役者につくりあげる。そうしなければならぬほど、歌舞伎界は深刻な人材難に見舞われているのだ。

主役級・準主役級の役者は、いくらでもいる。が、脇役がいない。弁天小僧が大見得《おおみえ》を切っても、それを取りまく捕り手がいなければ、芝居は成立しない。わが子にだけ名と芸を継がせる歌舞伎界の伝統が、このような悲喜劇的な事態をもたらしてしまったのである。

研修所を卒業した太男の胸中には、このまま歌舞伎界に入ることへのためらいがあった。

「いろいろいやな面も見えますからね。いじめがあったり、道理の通らないことが平気で通っていたり。生活のことも考えなきゃいけなかった。最初の給料が手取り七万二千円ですから。しかも上がっていく保証は、どこにもないわけです。いい役をもらえるという将来性もない。普通の人はやめますよね」

それでもやめなかったのは、「うちに来ないか」と熱心に誘ってくれる花形役者がいたからである。「沢瀉屋《おもだか》」市川猿之助であった。

早替りや宙乗りを駆使した動きの激しい舞台で「猛優」と呼ばれる市川猿之助は、太男に早くから目をつけていたらしい。

「いい名前がうちに用意してあるから、いらっしゃい」

それが、「市川笑也」という、名女形の河原崎国太郎が若いころ名のっていた芸名だったのだ。

太男は逡巡を重ねた末、とりあえず三年間だけ歌舞伎の世界に身を置き、それからの方向は三年後に決めることにした。

「市川笑也」という由緒ある名前を襲名しても、彼が歌舞伎役者の中で最も位《くらい》の低い名題《なだい》下《した》であることに変わりはない。

大名題・猿之助の一門に入った笑也の最初の役は、舞台の端に座っている腰元の一人だった。捕り手や僧兵の役もこなした。いろいろな動物のぬいぐるみにも入った。犬・猫・鼠・馬・虎・鯉——。

その間に名門出身の子弟たちは、笑也よりはるかに年少でも、次々と脚光を浴びる役についていった。

やがて入門して三年が過ぎた。このとき笑也は、猿之助に三カ月の休暇を願い出ている。もし断られたら、歌舞伎をやめるつもりでいた。そこまで心の中の葛藤は激しくなっていたのだ。

笑也の身勝手とも言える申し出を、猿之助は意外にもすんなりと受け入れた。笑也は泉山太男に戻り、アルバイトでパネル張りや額縁の営業をするようになる。その間、いくつかの自己開発セミナーに通ったりもした。自分とは何か、どうしたら自分を変えられるのか、その答えを見つけたかった。

三カ月後に出した答えは、歌舞伎役者にはならなくてもいい、けれども、猿之助の弟子ではあり続けたいというものであった。

この結論は矛盾しているようだが、笑也は、歌舞伎を本来の大衆娯楽に引き戻すため、「サーカス芝居」などと言われながら孤軍奮闘を続ける猿之助の生き方に、なによりも強く惹かれていたのだった。

そして昭和五十九年十一月のある日、笑也はこの三月《みつき》の間、一度も足を向けなかった歌舞伎座に、猿之助の芝居を見にいく。演物《だしもの》は、猿翁《えんおう》十種の「黒塚」。猿之助の祖父・猿翁が、安達原《あだちがはら》の鬼婆伝説を舞踊劇にした作品である。猿之助の鬼気迫る熱演に、笑也は鳥肌を立てて見入っていた。

舞台の後、笑也は楽屋に猿之助を訪ねた。猿之助は、次《つぎ》の間《ま》つきの十二畳はあろうかという専用の部屋に、一人でいた。すでにかつらをはずし、化粧も落としている。部屋着を着て、くつろいだ様子であった。

笑也は、率直に三カ月の不在を詫びた。すると猿之助はにっこり笑い、いま演じ終えたばかりの「黒塚」の台詞《せりふ》回しで、こう言ったのだ。

「迷いの雲は、晴れたかいぃ？」

それから二年後の冬のことである。八戸の自宅にいた綾子の元に、東京の笑也から珍しく電話がかかってきた。

「おかあさん、今度いい役がついたみたいだよ」

あまり喜んでいるふうでもなかったので、綾子は気にも留めずにいた。ところが、笑也の知らせてきたことは、その年の「歌舞伎十大ニュース」のひとつに挙げられるほどのビッグ・ニュースだったのだ。

猿之助が「スーパー歌舞伎」と銘打って上演する梅原猛原作の「ヤマトタケル」に、笑也を相手役の一人として大抜擢したのである。その理由を、猿之助はこう言う。

「歌舞伎の世界というのは古い世界だから、名門に生まれなくちゃいい役がつかないとか、脇役は一生脇役だとか、垢《あか》みたいな因襲があるでしょう。私は、それが一番嫌いなんですよ。笑也は、研修所から希望を持って歌舞伎界に入ってきたわけだから、出発点《スタート》だけはみんなと同じに与えてあげなくちゃいけないと思いましてね」

この決断は、歌舞伎界の内外に大きな反響を呼んだ。外の世界からは、おおむね拍手で迎えられた。しかし、内側からは重苦しい反発が返ってきたのである。その矛先は、大名題の猿之助ではなく名題下の笑也に集中した。

このことについて、笑也は多くを語りたがらない。だが、彼の周辺からはいくつかの具体例が聞こえてくる。ある名の知られた役者は、笑也のいるところで、聞こえよがしに皮肉を言った。

「三階役者と同じ舞台に立てるかい」

楽屋が三階にあるので、大部屋俳優は蔑《さげす》みをこめて「三階役者」と呼ばれているのだ。

「三階役者と一緒じゃ、こっちの芸まで三階になっちまう」

劇場で販売するプログラムにまで、それは及んだ。笑也の顔写真が、名門出の役者と同じ大きさで載ることに、強硬なクレームがつけられたのである。

大部屋の中からも、嫉妬という別の悪意が向けられてきた。ある日、舞台の直前になって、笑也の袴《はかま》が紛失したことがある。そのため開演が十分近く遅れ、笑也は猿之助ら関係者全員に詫びて回らなければならなかったという……。

「ヤマトタケル」は昭和六十一年二月四日、東京・新橋演舞場で初日の幕を開けた。笑也は、主人公ヤマトタケルの猿之助が寵愛する「みやず姫」という美女の役で、第三幕目に登場する。

舞台の袖で、笑也は落ち着かなかった。心臓の鼓動が、ひとつひとつ指先にまで伝わってくる。足が地に着かぬまま舞台に出たが、何を演じたか覚えていない。〈失敗した〉という思いで引きあげてくるとき、追いかけるように客席からの拍手が聞こえてきた。

笑也は一躍、久々に現れた女形のスター候補として注目を浴びる。その際、必ず強調されたのは、世襲制・一子相伝《いっしそうでん》という歌舞伎界の伝統に新風を吹き込んだことのすがすがしさであった。これに対して、

「あれは猿之助一座の中だけのことで、歌舞伎の体制はまったく揺らいでいない」

という歌舞伎関係者の声もある。笑也の研修所時代の師でもある中村又蔵《またぞう》は、

「歌舞伎という芸能は、家元制度のおかげで滅びずに続いてきた」

と断じた。それは笑也自身、日々の稽古と舞台で痛感していることでもある。

「しかるべきところに生まれた人は、しかるべき役をやるのが当然だと思います。ぼくなんかいくら努力しても、あの人たちには絶対かなわないなと思うこと、いっぱいありますから。小さいときから身に染みついたものがあるんですよ」

それでも「三階役者」市川笑也の活躍は、「ジュニアの時代」と呼ばれる芸能界やスポーツ界の安易な二世ブームの中で、異彩を放っているように見える。

しかし、笑也には別の側面がある。彼の父・泉山實《みのる》は、地元・八戸市で三八五《みやご》建設という会社の社長をしている。「三八五」の名を、青森県南部《なんぶ》で知らぬ者はいない。三八五グループは、この地域の交通・運輸を牛耳る企業体で、その総帥と市議会議員を兼ねる泉山元《はじめ》は、實と従兄弟《いとこ》同士にあたるのだ。

また、綾子の父・沼田吉雄も、八鋼《はちこう》グループという鉄鋼・運送を中心とした企業体の経営者であった。つまり、泉山ファミリーはまぎれもなく地元有力者の家系であり、その意味で笑也を「二世《ジュニア》」と呼ぶことも可能なのである。

だが、この青年は地縁・血縁に頼って生きることを選ばず、逆に強大な血族社会である歌舞伎界に身を投じた。そして、猿之助という歌舞伎界の反逆児に見いだされ、実力で台頭してきたのだった。

笑也の父・實は、息子の歌舞伎界入りをずっと認めずにいた。彼には、笑也に自分の跡を継いでもらいたいという気持ちがあったのである。だから出張で上京しても、笑也の舞台には頑として足を運ばなかった。が、「ヤマトタケル」が記録的なロングランを続けていた六十一年の十一月、實は妻の綾子に説き伏せられて、新橋演舞場についていく。幕が開き、やがてきらびやかな衣装に身を包んだ笑也が現れる。綾子がふと見ると、夫がハンカチで目をぬぐっている。

「目から汗、出たんだな」

實は照れたように言った。

笑也をワープロのコマーシャルに起用した電通のCMプランナー古川裕也《ゆうや》は、その理由を二つあげている。ひとつは、「ヤマトタケル」の舞台を見て「梨園《りえん》の臭いがしなかった」こと。もうひとつは、一般の芸能人にはない「氏《うじ》・育ちのよさを感じた」ことである。古川の直感は、笑也を的確にとらえていたと言ってよい。

おそらくこの皮肉な事実《ファクト》の中に、歌舞伎役者・市川笑也は涼しげに立っている。そして、男が女に変わる女形という虚構《フィクション》を、さりげなく演じてみせるのだ。

（『AERA』一九八九年一月三／十日号、肩書きは取材時のもの、一部加筆）

取材中の問題意識

『AERA』の「現代の肖像」シリーズで、私は市川笑也のほかに、まだ高校生だったころの将棋の羽生善治や無名時代の孫正義を書いている。各界でこれから台頭してきそうな若手を取り上げてもらいたいという編集部からの注文に応じて、私は人選を進め、ちょうど「第二の玉三郎」として注目されはじめていた笑也を取材対象に選んだのだった。

取材期間は、およそ二週間であった。フリーランサーのつねとして、ほかの仕事も掛け持ちでしながら、である。

笑也には二回ロング・インタビューをし、家族では母と妹、中学時代の恩師、小中高時代の友人たち、歌舞伎界では師匠の市川猿之助、笑也のマネージャー、猿之助一門の同僚、歌舞伎研修所や大部屋時代の友人たち、歌舞伎専門誌の編集者、笑也のファンクラブの会員たち、ほかに電通のプランナーなど都合二十数人に話を聞いた。

笑也の父は照れて（?）取材に応じてくれなかった。週刊誌の企画ゆえ取材にはタイムリミットがあり、自分が納得のいくところまで取材を詰めきれたとは言えない。

取材を進めるにつれ明確になってきた私の問題意識は、次の三点にしぼられる。

①市川笑也という存在は、世襲の広がりに対するアンチテーゼとして書けるのではないか。というのも、政界や財界ばかりか、本来実力勝負の世界であるはずの芸能界やスポーツ界にまで広がる世襲は、明らかに日本社会の階層化を示している（最近よく言われる階層化は二十年も前にすでに顕在していたのだった）。その中にあって、最も世襲制の強固な歌舞伎の世界において、実力で台頭してきた大部屋出身の女形が人気を集めているのは、時代の閉塞に風穴を開けようとしているすがすがしさを、人々が感じているからでは

ないか。

②この人物の半生は、自己克服の歴史としても描けるのではないか。つまり、彼は、歌舞伎の名門に生まれなければ花形役者にはなれない歌舞伎界の伝統だけでなく、幼いころの吃音や、「十七歳になるまで一人で電車にも乗れなかった」という極度の内向性をも克服しようとしてきた。男が女に変ずる女形も、自分をいわば〝殺して〟、自分ではないものに〝化ける〟ことだ。しかし、このように体を殺すからこそ、女形に独特の色気が生まれると、歌舞伎界では言われてきた。このような幾重にも織りなす自己克服の個人史は、読者の共感を呼ぶのではないか。

③一般にはほとんど知られていない歌舞伎の舞台裏に、読者を案内することができるのではないか。たとえば、十手を持った捕り方が、もう片方の手にタバコをはさんで行き交っていたり、荒々しい隈取りをした悪役がくつろいでいたりする様子が、舞台裏を初めて見た私にはおもしろくてたまらない。このわくわくする気持ちを、読者に伝えられないだろうか。

このように、短編ノンフィクションでは、「ワンテーマ」とは別に、ポイントを三つほど構想段階で考えておく。三つより多すぎても少なすぎてもいけない。

どうやら「三」という数字は、文章を書く上での大事なパターンのようだ。ドラマが起きやすい最少構成人数も三人なら、たとえも三例、提案や結論も三本柱で語るのが、一番すわりがいい。

構想の変化

これら三つの問題意識は、しかし、取材が終わり、原稿の構想をまとめる段階で、微妙に変化していった。

①′笑也は、たしかに世襲制の最も厳しい世界に現れた大部屋出身の女形として、世襲制へのアンチテーゼとなりうるのだが、彼自身は、地方の成功した企業家の三代目の御曹司にあたり、母親の影響で幼時から日本の伝統芸能に慣れ親しんできた。つまり、世襲の時代のアンチテーゼが、実は別の世界の世襲の恩恵を受けてきたという、一筋縄ではいかない構図が見え隠れするのである。

②′自己克服の個人史についても、たしかにそのように見ることも可能なのだが、ことさら歯を食いしばって乗り越えたのではなく、肩に力を入れず、いたって自然体のうちに克服している。

③′歌舞伎の舞台裏を案内するだけでなく、師匠の猿之助との対比や、母親のかなえられな

かった夢についても書き込むべきではないか。

わずか二十枚足らずの原稿であるが、以上のような取材と思考のプロセスを経て書かれている。何も私が特別というわけではなく、プロのライターはみな同様の試行錯誤をしながらノンフィクションを仕上げていくのである。

心理描写のルール

人物ノンフィクションの執筆に際して私がずっと気になっているのは、登場人物の心理の描写法である。

私がインタビューした人物が仮に、

「そのとき、私は目の前が真っ暗になっちゃって……」

と発言したとしたら、

「○○（その人物の名前）は暗澹《あんたん》たる気分に陥った」

と書くのはかまわないと思う（厳密に言えば、実は問題がある。発言に誇張や虚偽が多少なりとも含まれているかもしれない場合、このような断定調で書くと、それが確定された事実とみなされてしまうからだ）。

たびたびハルバースタムを例に出して恐縮だが、彼の代表作である『ベスト&ブライテスト』は、ベトナム戦争にのめりこんでいくホワイトハウスの「最良にして最も聡明な」指導者たちの姿を、まるでその場に立ち会っているかのような臨場感あふれる筆致で描き出している。しかし、ハルバースタムが取材を開始した時点ですでに暗殺されていたケネディ大統領や、ハルバースタム本人はインタビューしていない故人のジョンソン大統領の心理描写を、かくも細密に行うことは、はたして許されるのだろうか。ようするに、

「ケネディはそのとき~と思った」

と断定して書くことは、ノンフィクションの許容範囲なのかという疑問が私には長らく燻《くすぶ》っていたのである。

そこでハルバースタム本人に会う僥倖を得た際に、長年の疑問をぶつけたところ、彼は、

「マジック・モーメント」

というおもしろい言い方をした。そのまま訳せば、「魔法の瞬間」となろうか。

「私の取材のやり方は、インタビューを繰り返し、その人から聞き出すことが何もなくなるまで続けるという方法です。とにかく取材することですよ」

そこでハルバースタムは「レッグワーク」という言葉を用いた。直訳すれば「足を使っ

てする仕事」だが、英語では「取材活動」をこう表現する。

「レッグワークをすること、そして人に会いつづけること。このようにしてケネディについて三ヵ月くらい集中的に調べていくと、ケネディを実際に知っているある人物をインタビューしているさなかに、『この人よりも自分のほうがケネディのことをよく知っている』とひらめく瞬間があるのです。突然『わかった！』と思うマジック・モーメントがね。そこで次のハードルに移るというわけです」

ケネディのように回顧録の類がない故人でも、周辺取材をとことん積み重ねれば、その人物の内面を活写することは可能だというのである。「マジック・モーメント」とよく似た体験は私にもあるし、ハルバースタムの自信にあふれた物言いには説得力があった。けれども、私はやはり、どんなマジック・モーメントが訪れようと、故人の心理描写をする際には、本人の発言記録がないかぎり、推測の形でしか表現しない。

たしかに、

「ケネディはそのとき〜と思った」

と書いたほうが、

「ケネディはそのとき〜と思ったのではないか」

と記すより、表現は明快になる。読者も現実の手ざわりを直接感じるはずだ。私たちの世界では、これを「ニュージャーナリズム的手法」と呼ぶのだが、私には、現実と切り結ぼうとして事実のストーリー化を追求するあまり、ノンフィクションを三人称で綴られた小説もどきに矮小化《わいしょうか》しているように思えてならない。

日本にも、故人の心理描写はおろか、いまから半世紀以上も前に二人の故人のあいだでかわされた、ほかには誰もいない場所での、しかも記録にまったく残されていない会話を、カギ括弧つきでいきいきと再現してしまう「ノンフィクション作家」がいる。マジック・モーメントにぶつかるほどの取材をしてきたとも思えないのに、そういうことを堂々としてのける神経は、不可解と言うほかはない。

私自身、ノンフィクションに窮屈な枠組みをはめることには反対なのだが、ノンフィクションが小説もどきに堕する傾向には賛成するわけにはいかない。私がその名を知ったころには「ルポライター」や「ノンフィクションライター」を名乗っていた書き手たちが、ここ十年ほどのあいだに雪崩《なだれ》を打ったかのごとく「作家」を自称するようになっているのも、その卑近な証左なのであろう。

人それぞれの生き方なので、とやかく言う筋合いのものではないのかもしれない。だが、私はそちらに向かうつもりは毛頭なく、大別してノンフィクションには物語性と記録性のふたつの持ち味があるとするなら、私は物語性の保持に留意しつつ、あくまでも記録性を中心に据えたい。この場合の記録性とは、遠い過去の発掘の謂《いい》よりも、現在もしくは近現代について報告し、それによって未来への方向性をも指し示すことを意味している。

シークエンシャル・インタビューの限界

ハルバースタムへのインタビューでもうひとつおもしろかったのは、彼が日米の取材方法の違いを指摘した点であった。ハルバースタムは、日米自動車戦争を描いた『覇者の驕り』の取材で日本にも十ヵ月ほど滞在したことがあるのだが、アメリカで彼が確立した「シークエンシャル・インタビュー」（逐次的インタビュー）の手法が、日本ではなかなかうまくいかなかったと打ち明けたのだった。

「シークエンシャル・インタビュー」とは、最も話を聞き出しやすい相手から始めて、徐々に周辺を固めていき、完全に逃げ道をふさいでから、最後に核心を握る最重要人物にインタビューする方法で、ハルバースタムの造語である。

たとえば、アメリカの自動車企業のフォードを取材する場合、フォードからライバル企業や別の組織に移ったやり手が大勢いたので、まず彼らから詳しく事情を聞き、それからフォードのトップに向かって攻め上がっていくことができたそうだ。それが、日本の日産やトヨタでは不可能だったという。そもそも当時は日産やトヨタを辞める社員が少ないうえに、辞めたあとも自分のいた会社について腹蔵なく話せる日本人がほとんどいなかったというのである。

「取材が難航したもうひとつの理由は、日本人と私との価値観の違いかもしれません。日本人は、自分たちが基本的にお互い似通っているという前提で、物事を見ているようです。人間関係が緊張するのを避けようとするあまり、各々の本質的な違いを認めたがらない。私のほうは、アメリカ人の目で、日本人の登場人物一人一人の複雑な心理を浮き彫りにするためにインタビューしているわけだから、これでは嚙み合うはずがありませんよね」

本当は、「個人の自立が成り立たないところにジャーナリズムは成立しない」と言いたかったのではなかろうか。ハルバースタムは、

「日本での取材は、これまで三十年間のジャーナリスト生活の中で一番むずかしかった」

と苦笑していただけだったが、ベトナム戦争報道で鳴らした、かのハルバースタムにしてそうなのかと、私は、あまりにも「非ノンフィクション的」な日本の土壌を改めて思い知らされたことだった。

第七章　事件を書く

未知の場所で取材開始

次に、事件ノンフィクションの取材と執筆の方法を述べよう。

私は、一九九二年から九三年にかけての一年間、月刊『現代』誌上で「ニッポンの現場」という短編ノンフィクションを連載した。

これは、何らかの大きな事件が起きたなら、すぐさま現場に飛んで、テレビや新聞・週刊誌などが報じていない事件の深層部や、その事件を生み出した社会の構造を描くというもので、いま振り返ると、よくぞ身が持ったと思えるほど、肉体的にも精神的にもきつい取材の連続であった。

この連載の中で最も印象に残っているのは、一九九二年の大晦日に、茨城で五人の女子中学生が集団飛び降り自殺を図り、三人が死亡した事件である。

事件の第一報を、私は島根県松江市で聞いた。おりしも、ときの竹下登首相に対する右翼の〝ほめ殺し〟や金銭がらみのスキャンダルが噴出しており、私は首相の地元である島根県の各地を歩き回っていたのである。

大晦日の夜には、首相の生家がある山あいの掛合町《かけや》（現・雲南市）で住民の初詣に同行しようとしていた。その矢先に、『現代』の矢吹俊吉編集長（現・講談社学芸局長）から集団飛び降り自殺の発生を知らせる電話があり、こちらの取材に急遽《きゅうきょ》とりかかってもらいたいと言われたのである。私は、島根における取材をいったん中断して、あくる日の元日、東京に戻り、大急ぎで飛び降り事件の資料を集め、一月二日、茨城の現地に入った。

土地勘もなければ、知り合いも誰一人いない。そんな未知の場所で、新年早々、途方に暮れながらの取材が始まった。そこでどのようにして取材を進めていったのかについては、後述しよう。

ともあれ、その結果、『現代』に掲載されたのが、「五人の少女はなぜ飛び降りたか」と題するノンフィクションである。少し長めだが、お読みいただきたい。

＊　＊　＊

手のひらを軽く広げて、コンクリートの表面にあててみる。親指から人差し指までの、その程度の幅の手すりである。

五人の少女は、このコンクリート製の手すりにまたがるように腰を下ろした。前後の間隔を詰め、互いの体を寄せ合う。もしそこがビルの一階だったなら、少女たちは遊戯でもしているように見えたかもしれない。だが、その手すりは地上二十メートル強、八階建てマンションの七階と八階のあいだの踊り場にあった。

十二月三十一日午後一時ごろ、五人の少女は馬乗りになったままの姿勢で身を傾け、そして一気に落下した。

最初のニュースを聞いたとき、元暴走族のAは外国人の女性が飛び降りたのかと思った。このあたりに多い東南アジア出身のホステスが、借金を苦に自殺を図ったのではないか、と。しかし、その後、五人は茨城県新治《にいはり》郡玉里《たまり》村の中学生たちであるという話が入ってくる。

「まさかあいつらじゃねえだろうなあって、仲間と冗談言ってたら、あの五人だったんですよ」

五人のうち四人は玉里村立玉里中学校の三年生、もう一人もひと月余り前まではやはり同じ中学校の三年生で、県立の教護院に移されたばかりであった。アカネ（十四歳）、カヨコ（十五歳）、サチコ（十四歳）の三人が即死。タエコ（十五歳）とナナ（十四歳、以上仮名）の二人が骨盤骨折などで重体。

五人は、マンションの出入り口の石畳の上で、仰向けになったり折り重なったりして倒れていた。あたりに白い脳漿《のうしょう》が飛び散り、血溜まりができている。二人はわずかに手を動かし、そのうちの一人は「痛い、痛い」とうめいていた。七階と八階のあいだの踊り場に、シンナーの入ったビニール袋がふたつ置いてあった。

大晦日の中学生集団飛び降り事件は、『紅白歌合戦』が始まる前のNHK夜七時のニュースの冒頭で報じられた。

「……いまのところ遺書などは見つかっていませんが、警察では少女たちはシンナーを吸っているうちに衝動的に飛び降り自殺を図ったものとみて、家族や学校関係者などから話を聞いています」

遺書は、その後も見つかっていない。ほかの少女の体がクッションとなって奇跡的に一命をとりとめたタエコは、病院での短い事情聴取に答えて言った。

——シンナーを吸っているうちに、誰からともなく「死のう」と言い出した。死ぬにはラリっていたほうが怖くないから、もっとシンナーを吸って飛び降りた……。

当然のことながら、いくつもの「なぜ？」が投げかけられた。追って詳述するが、それらは結局、最大の「なぜ？」に収斂《しゅうれん》されていく。つまり、五人もの女子中学生が一緒に飛び降り自殺を図ったのは、いったいなぜなのか——。

五人はいわゆる「問題児グループ」で、学校の長期欠席や無断外泊などを繰り返していた。リーダー格のアカネの複雑な家庭事情や県立教護院に送られたことに、ほかの四人は同情していた。アカネは十二月九日に教護院を抜け出し、自宅にも帰っていない。ほかの四人も二十九日に、そろって家出をしていた。アカネへの同情とシンナーの濫用が、集団自殺に結びついたのではないか。

以上が、さまざまなマスコミが報道してきた内容の概略である。こうした報道に心理学者や精神科医のコメントが付けられて、報道は一応の体裁が整えられていた。

しかし、これでは何も解明されていないのと同じではないか。

私は、アプローチの仕方を変えてみようと思う。ここ二十年間に起きた青少年の自殺に関する新聞・雑誌の記事を読んでいくと、ひとつの共通点に気づく。それは、自殺の「理由」にこだわりすぎると、取材は迷路に入り込み、「わからない」という結論に至らざるをえないことだ。第三者が論理的な整合性をあくまでも追い求めると、逆に核心から遠ざかってしまうようなのである。

自殺は「必然」に見えて、実はかなり「偶然」に左右されるのではあるまいか。そうした偶然も含めた、死に誘い込まれるまでの「過程」をできるかぎり検証するほうが、「理由」探しよりも本質的なところに近づけるのではないか。そう私は考えたのである。逆説的に言うなら、第三者の目には「死ぬ『理由』が見当たらない」自殺の「過程」を徹底的に追うことにより、その「理由」も浮かび上がってくるのではなかろうか。

玉里には戦前、ある自慢話があった。柿の名産地として名高いのだが、柿泥棒が一人も出ないというのである。真偽はともあれ、人々が清廉潔白を重んじていたことを伝えるエピソードではある。

こうした美風は、だが、もはや失われてしまったらしい。それを象徴するのが、毎回、村を二分して争われる村長選挙である。村には保守系無所属同士のふたつの派閥があり、ここ二十年ほどのあいだ村長派と反村長派に分かれて対立を続けてきた。三年前の村長選は、わずか四票の差で決着がついている。ある住民が打ち明けて言うには、

「買収選挙はまかり通っていますね。お金をもらいたくなくて受け取らないと、『あの野郎、あっちの派だ』となる。うっかり口もきけない感じです。学校から帰ってきた子供に『うちは何派なの』って訊かれたこともありますよ（苦笑）」

しかし、どうやら利権をめぐる派閥抗争というわけでもないらしい。別の住民が解説する。

「だって、利権なんてこの小さい村にありようないんだから。長く村長やって財を成したなんていう話も聞かないし。結局、メンツとか自己顕示欲だろうねえ。こないだまでバイクに乗って『山』の掃除に行ってたのが、村長になれば運転手付きの公用車で送ってもら

える。何かの集まりでも、いちばん上座に座れる、と。取り巻きにしてみれば、『あいつが村長やってるかぎり俺は浮かばれない』というんで、本人よりも必死なんだな。取り巻きに推されて張り合った当人たちは、『山』売ったり土地売ったりして、これが派閥の長かというような家に住んでますよ」

会話に出てくる「山」は、このあたりでは「林」の意味で使われている。同様に「沼」や「湖」は、「川」と総称されてきた。

もともと玉里村は、「山」の多い田余《たあまり》村と、霞ケ浦に面する「川」の多い湿地帯の玉川村とが、一九五五年（昭和三十年）に合併してできた。しかし、村が急速に変貌しはじめたのは、高度経済成長期の六〇年代初頭からである。「山」が切り開かれ、茨城県内で最も早い時期に工業団地ができ、宅地が造成された。旧田余地区と旧玉川地区との産業構造や住民意識の違いは、いっそう顕著になった。

ひとことで言えば、それは都市化の進む農村部と、純農村部との差異である。専業農家が依然として三割を占める（これは全国的に見ても高率である）旧玉川地区と、よそから転居してきたサラリーマン世帯が少なくない旧田余地区。人口八千二百人余りの村が、「じっこ」（土地っこ）ばかりの地区と、「転入者」の多い地区とに画然と分かれているのである。

五人の女子中学生のうち、サチコとナナが「じっこ」、アカネ、カヨコ、タエコの三人が「転入者」であった。そして、いま地元で囁かれているのは、「じっこ」が「転入者」の子供にそそのかされたという説と、ことに中心的な存在だったアカネに引きずられて道連れにされたという話なのである。

アカネとは、いったいどんな少女なのか。

彼女は、東京・荒川の出身、誕生日は七八年一月七日である。と書いて、私は愕然とする。江川の巨人入団が騒がれ、ピンク・レディーの『UFO』が大ヒットした年に生まれた少女が、こんなにも早く自らの命を絶ってしまうとは……。

アカネが物心つくかつかないころ、両親は離婚している。茨城県出身で理容師をしていた母親は、幼いアカネを連れて郷里に帰り、やがて同じ理容師の男性と再婚した。アカネが玉里村の小学校に転校してきたのは、二年生のときである。理容師夫婦は、玉里村を横断する国道沿いに、こぎれいな理髪店を開いた。

彼女が六年生のとき、異父妹が生まれる。母親はどうしても、その子にかかりっきりになってしまう。父親の愛情も、その子に注がれる。口には出さなくとも、疎外感がアカネにはあったのかもしれない。

アカネは、中一のころには、髪の毛を染めている上級生を見て、
「ああはなりたくないよねぇ」
と友人とうなずきあう生徒であった。目が大きく、ふっくらとした顔立ち。周囲には、明るくひとなつっこい子と思われていた。「アカネはねぇー」と、語尾をのばして、甘えるようなしゃべり方をした。学校の成績も良く、母親が児童相談所で述べた話では、学年で二十番目くらいの上位にいたという。それが中三のころには、栗色に髪を染め、眉毛を細く剃り、口紅を塗るようになっていた。

こうした急変ぶりは、両親の不仲と軌を一にしている。実の母親と義理の父親とは、嫁姑のいざこざや母親のパチンコ屋通いなどから、いさかいが絶えず、食事も寝室も別々の暮らしが日常化していた。

玉里村からちんちん電車のような鹿島線に乗って十五分ほどのところに、石岡という町がある。毎年九月の三日間にわたって開かれる「石岡祭り」は、関東三大祭りのひとつとも言われる大祭で、そこは近在のツッパリ少年や少女が出会う場にもなっている。

中二のときの石岡祭りで、アカネはケンジという同い年の少年と出会った。

ケンジは祭りの格好をしていたが、その金太郎みたいな腹掛けがかわいいと言って、ア

カネのほうから声をかけた。

あとから振り返ると、〝運命〟という歯車が「カチッ」と音を鳴らす瞬間がある。アカネがケンジに声をかけたときが、そんな瞬間だった気がしてならない。

石岡祭りの前後から、彼女の言動は傍目《はため》にも大きく変わっていった。髪を染めて帰宅し義父に殴られたのも、そのころである。のちに一緒に飛び降りることになる四人との付き合いも始まり、グループで動くことが多くなった。タバコやシンナーにも手を出した。学校をさぼる日が増え、そのうち初めての家出。

「おとうさんとおかあさんは、けんかばかりしている。死ぬから、さがさないで」

短い書き置きがあった。

ここで「死」という言葉が使われたことに、やはり注目すべきであろう。すでに蒔《ま》かれていた死の種が、ぽつりと芽を出したのかもしれない。このときから、無断外泊が頻繁になった。

その一方で、初めての真剣な恋に、アカネは夢中になっていった。おそろいのハート形の弁当箱を買い、ケンジのためにご飯をこしらえた。ケンジにシンナーだけはやめろと言われればやめたし、母親を大事にしろと言われれば、

「ケンちゃんに言われたから、おかあさん、大事にしてるんだァ」

と友達に話していた。

「アカネには、ケンちゃんしかいなかったから。この先も、ずぅっと、ケンちゃんだけだと思ってたから」

遊び仲間のハルナ（仮名）は、そう振り返る。

昨年四月七日の夜、ハルナが〝たまり場〟になっている石岡市内のコンビニみたいな本屋にいたら、アカネとタエコが二人で入ってきた。アカネは、泣いていた。

「ケンちゃんが好きだったCDを借りにきたの……」

ケンジに何が起きたのかすでに知っていたハルナは、

「元気、出してね……」

としか言えなかった。

ケンジは、この日の朝五時四十五分ごろ、バイクの二人乗りをしているとき、うしろから来た十トン・トラックにはねられ、百メートル以上も引きずられて即死したのだ。

ケンジは、後部座席に座り、ハンドルを握っていたのは三歳年上の先輩だったが、彼も即死。二人は、ヘルメットをかぶっていなかった。

二十二歳のダンプ運転手は、暴走族のバイク三台が進路を妨害するように蛇行運転を繰り返し、最後尾の一台が急ブレーキを掛けたため、自分もブレーキを踏んだが間に合わなかったと証言している。それにしては、百メートル以上も引きずった事実との辻褄《つじつま》が合わない。また、事故の直後に、運転手が「もう一人、殺してやる！」と叫んでいたという暴走族側の声もあり、裁判はいまも続いている。

その日の夜、アカネはカヨコとタエコとともに、ケンジの家を訪ねた。中学校の制服姿のままであった。

「私自身、そのときは錯乱状態だったんで、アカネたちがどんなふうだったか、よく覚えていないんだけど」

ケンジの母親が前置きをして、こう言った。

「三人とも、ずっといたいと言って、こたつに入ってましたよ。外にアカネのおかあさんが来ていて、『うちにいたくないと言うんで、すみませんが、もしよければ泊めてやってください』と挨拶されました。前の晩、電話でケンジと話したあと、アカネは胸騒ぎがすると言って、友達や知り合いのところにあちこち電話して、ケンちゃんはいないかって訊いてまわったんだそうです」

この日を境に、明らかに何かが変わった。

「ええ、ケンジが死んでからも、月に一、二回は遊びに来てましたねえ。何も言わないのに肩をもんでくれたりして。誰にでも好かれる子でしたね。修学旅行に行けば、『これ、おばさんのぶん』って湯飲みを買ってきてくれるの。ケンジには、ぬいぐるみかなんかをね。死んでひと月ぐらいしてからかな、プラモデルで改造バイクを作って持ってきたこともありますよ。毎月の命日、三十五日、四十九日、百か日と、必ず来ましたね。ケンジの誕生日だった七月九日には、七夕の飾りつけをクリスマス・ツリーみたいにして、(天国の)ケンちゃんから見えますようにって。新盆のときには、『おばちゃん、あたしがきれいな格好していたら、ケンちゃんは帰ってきてくれるんだよね』って。お坊さんからお経を習って、木魚を叩いたりなんかしてました。

アカネは、よく『ケンちゃんにもう一回会いたいな』と言ってましたね。でも、ケンちゃんのところへ行きたいとは言っていなかった。一度、『ケンちゃんの子供なら産みたかったなあ』と言われて、ドキッとしたことがありますよ。二人のあいだにそういうことがあったのか、なかったのか、よっぽど訊いてみたかったけど、訊けなかったです……」

ケンジの母の話を聞いていて驚かされるのは、アカネの単なる「慕情」を超えた、ケンジとの「同化」を希求する思いの一途さである。十四歳の少女が、死後の仏事にこれほど通暁していることも、私には少なからぬ驚きであった。

もうひとつ気になることがある。去年の初夏、アカネの左上腕の内側に「ケンジ」という字がカッターナイフか何かで刻みつけてあるのを、ケンジの母親に見とがめられているのだ。

「アカネ、何、これ?」

「なんでもない、なんでもない」

「なんでもないじゃないでしょう。死んだ人はね、だんだん遠くなっていくんだから」

こみあげてくる感情を抑えて、ケンジの母はアカネに言い聞かせた。

「アカネがお嫁に行くまでにお金を貯めて、この傷なおしてあげるからね。おばさん、きっとなおしてあげるからね……」

私は、はっとした。以前、ある大学病院の救命救急センターに一週間ほど泊まり込んで取材したときのことを突然、思い出したからだ。そのとき見た、飛び降り自殺で死んだ十四歳の男子中学生の左腕にも、まったく同じようにカッターナイフで、付き合っている彼女の名前が刻みこまれていた。

友人のハルナによれば、アカネはその後、「ケンジ」と彫ったところのわきに「死亡」という文字と、さらに死亡時刻まで刻みつけていた。

玉里村と石岡市との両方にまたがる「六軒」と呼ばれる地域がある。スナックやクラブが二十軒以上はあろうか。その半数以上に外国人ホステスがいて、半ば公然と売買春が行われている。

タイ人女性が圧倒的に多い。エキゾチックなタイ文字の看板があったので、訪ねてみると食料品店だった。農村地帯に囲まれたこんな一画に、タイ料理の総菜屋があろうとは思わなかった。

たまたま乗ったタクシー運転手の話——、俺もさ、夜やつらが乗ると「サワディー・クラップ（こんばんは）」とか言って（笑）。そうすっと向こうもうれしいらしいから、「ワタシ、センセ、アナタ、セイト」とかってタイ語のレッスンするんだっけよ。いまショートがふたつ（二万円）、泊まりで三つ（三万円）だな。百五十万で囲ってくれって言うのもいるよ。やつらも景気悪くなって、客とってるだけじゃ借金返せねえから。エイズこわいって、みんな言うしよ。一人に囲われたほうが安全だっぺ。最近減ったけど、前は夜の売上げの半分はガイジンだから。ガイジンさまさまだって。うちの本社にいる運転手なんか、タイ語うまいよ。べらべらしゃべってるよ。

この通称「六軒」から程近い石岡市の公営住宅に、アカネが母親や幼い妹と共に移り住んできたのは、去年八月のこと。母親は、とうとう夫との別居に踏み切ったのである。籍はそのままだが、事実上の離婚であった。恋人の死からまだ日の浅いこの時期の親の別居。環境の激変とあいまって、これがアカネの心に落とした影は小さくはあるまい。

その上、新しい住居にも、アカネの居場所はなかったようだ。夜になっても友人たちの家や本屋、ホームセンター、コンビニ、カラオケなどを渡り歩き、自宅には寄り付かない。

たまり場になっていたホームセンターの自動車用品の売り場に、母親が急にやって来て、アカネを何度も平手打ちしたり髪の毛を引っ張ったりして、無理やり家に連れて帰ったこともある。アカネは目を赤くしながら、少し照れくさそうに母親のあとにしたがったと、ホームセンターの店員は言う。

そのときアカネはうれしかったのではないかと、私は思う。アカネたちがよくたむろしていた本屋もホームセンターもカラオケも、すべて母親と妹のいる自宅から歩いて十五分以内のところにあるのだから。アカネは、家の近くから離れなかったのだ。

学校は、相変わらず玉里中学だった。本人の強い希望で、学区外からの通学が認められたのである。ところが、すぐアカネは問題を起こしてしまう。同じ中学の遊び仲間から、少なくとも八月と九月の二回「金銭強要」、彼女らが言うところの「カツアゲ」をして、カラオケで遊んでいたことが学校側にわかり、学校・児童相談所・警察少年課が話し合った末、母親の承諾を得て、県内の教護院「茨城学園」に送られる決定がなされた。

十一月二十七日、水戸市の茨城学園へ。途中、母親のクルマでケンジの家のそばまで来

たが、

「やっぱり（ケンジの仏壇には）会わないで行く……」

アカネは泣いていた。

一週間後、初めての無断外出。このときは明け方いなくなり、朝七時ごろに戻ってきた。なんとなく家が恋しくて帰ったんです、そう言い訳をした。

五日後の十二月九日の夕方、教護院での日本舞踊の時間が終わり、生徒たちが着替えをしているとき、アカネは再び姿をくらました。その夜、ハルナの家に電話がかかってくる。

「逃げてきちゃった。話はあとでするから。一時間くらいでそっちへ行くから」

やがて、紺のジャージ上下を着、胸に白い名札を付けたままのアカネが、すごい勢いで飛び込んできた。コートもブルゾンもなく、裸足に靴という格好で、寒そうだったが、息を切らせながら笑っていた。

ほかの四人がひどく同情していたというこの教護院への転籍をめぐっては、関係者や玉里村の住民たちのあいだでも意見が分かれる。ていのいい「厄介払い」ではないかという声が、一方にある。玉里中学校の桂英輔校長に、まず尋ねた。

「本来なら転居したんだから、学区は石岡中なんです。表現は悪いですけど、手を焼かせた子供なので、普通は送り出すチャンスだと思うはずですよね。でも、本人は玉里中にいたいと言うので、学区外通学の方法でここまでとことん面倒みてきたと考えているんですけど……。『厄介払い』と言うなら、転居したときさっさとやってますよ。担任はがんばって苦労して、面倒みてました。どれほど家庭訪問を繰り返したかわからないです。事件のあとはショックで入院しまして、それを『厄介払い』と言われると、ちょっと……」

アカネの母親は「学校に納得させられた」と洩らしているというが、土浦児童相談所の福富孝至・指導課長の見方は異なる。

「去年の一月下旬、母親のほうから『県外の施設に入れたい』と言ってきてるんですね。ところが、このときは父親が反対したのと、本人も拒否したんで、実現しなかったんです。玉里中からアカネさんについての相談があったのは、去年の九月、恐喝をやったあとです。十三歳までだったら、強制的に教護施設に入れることもできるんですが、アカネさんの場合十四歳になっていたので、警察から直接、家裁に送られたんです。それでも、十一月に茨城学園に入ることが決まったときは、本人も納得したようでしたよ。『ドライヤー持っていってもいいですか』『勉強したいけど、英語の参考書を持っていっていいですか』と質問してきて、三時間くらい話しましたか。感情の起伏の激しい子でしたね。突然、わーっとまくしたてるように何かを主張するんです。でも、それは彼女なりの論理をそなえたもので、頭の良い強い子という印象でしたね」

茨城学園の南波哲龍・指導第二課長は、「とにかくご覧になってください」と、私を園内に案内した。

「ここを全然知らない人は、イコール少年院だと思うみたいですけど、ご覧のとおり柵も塀もない開放施設なんです。地元の中学校から教師を派遣してもらって、ひとつの中学として授業もしています。一般の人も自由に出入りできますし。だから、逃げようと思えば簡単です。うちへ帰りたいと思うのは当然ですよ。特に入って一ヵ月か二ヵ月かは、夕方になると寂しくなるものです。でも、アカネさんには、そこを何とか乗り越えてほしかった。非常に期待を抱かせる子でしたし。ここで一生懸命やって、とにかく高校に行くんだ、と。あれだけはっきりした考えを持っている子というのは、ここに来る子では珍しかった」

これらアカネの指導にあたった人たちの言葉に、虚偽や誇張がないことは、周辺取材でも明らかである。にもかかわらず、アカネ自身は、教護院を抜け出してきたあと、知人に「あたしの手配写真まわっていない?」と尋ね、友達には「ジャージを着せられ、髪の毛も切られてつらかった。鑑別所よりひどいところだよ」とこぼしている。

つまり、「教護院」という施設に対する教育関係者たちの認識と、アカネを含む一般人が抱くイメージとが、あまりにもかけ離れているのである。はたしてそれを埋める努力が、適切になされてきたのかどうか。少なくともアカネとその友人たちのあいだでは、彼女が家庭からも学校からも「厄介払い」されたと思い込んでいたふしがある。

アカネ以外のほかの四人は、どんな子供たちだったのか。

カヨコ（死亡）。五人の中で一番のしっかり者と言われる。村の新興住宅地に、比較的最近越してきた。両親・姉との四人暮らし。運動会でリレーのアンカーに選ばれ、優勝したことがある。

サチコ（死亡）。物静かな子。学校の成績が良かった。父は村役場、母は農協に勤務。兄が二人おり、一人は高校を中退して暴走族に入っている。

タエコ（重体）。のんびりやだが、おしゃべり。五人の中の電話係だった。二人いる姉の一人が、いわゆる〝ヤンキー〟。不動産業者の父は五年前、女子高生売春の客になり逮捕されたことがある。

ナナ（重体）。おとなしい子。家は昔からの農家で、養豚業も営む。祖父母・両親・姉の六人暮らし。

粗雑な紹介の仕方だが、要はアカネの家庭ほどの混乱は見られないこと、すなわちどこにでもある家庭の、どこにでもいそうな少女たちということなのである（写真誌『フォーカス』による顔写真つきの実名報道以降、すべてが取材拒否になってしまった家族から、少女たちについての話を聞くことはできなかった)。

コミュニティーにも言及しなければならない。アカネたちの主な活動範囲だった玉里村と石岡市周辺にしぼることになるが、むしろ日本の都市近郊にあるコミュニティーとして普遍化して見ていきたい。

気づいたことを二点だけあげてみる。

ひとつは「監視」と「無視」とが併存していることだ。農村的視線と都市的視線が、互いの力を減じ合うのではなく逆に増幅しているため、コミュニティーからの逸脱者には、真綿で首を絞めるような圧力をかけているのではないか。飛び降りた五人は、村の中で、目に見えない形で後ろ指をさされながら、なおかつひそひそ話の大した話題にもならない、宙ぶらりんの存在だったのではあるまいか。

もうひとつは、大衆欲望社会の掃き溜めのような現象が、その中心であるはずの東京よりもひどく目につくことだ。買収選挙や外国人売買春の野放し状態。国道沿いに投げ捨てられたゴミの多さ。田んぼに囲まれたアスファルト道路に転がっていた、泥まみれのアヒルの首……。

私が石岡駅前の大衆食堂で食事をしていたら、小学校低学年の男の子三人が入ってきて、持ち込みのコーラを飲みながら三人だけでラーメンを食べ、テーブルの上も下も汚し放題にして帰っていった。

退廃の極みは、死んだ三人の少女と遊び仲間だった少年の母親が、なにげなく洩らしたひとことである。

「うちの子も、一緒に逝《い》ってくれればよかったんだよ」

彼女は無表情のまま、そうつぶやいたのである。思わず我が耳を疑った。

しかし、改めて強調したいのだが、私が指摘した二点は多かれ少なかれ日本の都市近郊のコミュニティーに共通する特徴であろう。学校や教護院にしても、決して管理が厳しいわけではないし、アカネの家庭にしても、同様のケースは全国に数限りなくあるはずだ。

今回の事件は、いつ、どこで起きてもまったく不思議ではなかったのである。

一九七八年（昭和五十三年）六月に、きわめて似通った事件が愛知県で起きている。名古屋市に隣接する甚目寺《じもくじ》町で、中学三年生の女子生徒四人が川辺でシンナーを吸っていて、そのうちの三人が手をつなぎながら濁流に入っていき、二人が水死、一人が自力で岸に泳ぎ着いて助かったという集団自殺事件である。

この四人も学校の主流からはずれた仲良しグループで、一人が「学校も何もかもいやになった。みんなで死んじゃおう」と川へ向かい、二人が同調して入水したという。助かった一人は、「そのときは（シンナーで）気持ちよかった」と話した。

未遂や実行前に保護というケースも含めると、こうした女子中学生の仲良し同士による自殺事件は意外なほど多い。水戸市に住む教育心理カウンセラーの笠井喜世《よしつぐ》・那珂湊《なかみなと》水産高校教諭によれば、いまの教育システムから取り残され、自分の居場所がなくなっている子供たちは、大人には理解できないような固く強力な結束でまとまっている場合があるという。

「お互いの信頼感はものすごく強いけれど、主体性は持っていない。だから、全員がひとつの方向になびいてしまうところがあるんです。しかも、女の子のグループは同情心が非常に強い。他者依存というか、もたれあいも非常に強い。並んで肩を寄せ合って飛び降りたというのは、結束力ともたれあいを象徴しているんじゃないでしょうか。この事件についてはリーダーは不在だったと私はみています」

死の観念の劇的な変化にも、笠井教諭は言及した。

「テレビゲームなんかは、まさに人を殺しながらゲームが進行していくわけでしょう。人の死が、それを見る者にとって苦しみではなくなっている。感覚的・幻想的なイメージしか死に対して持っていない子供が増えているような気がします」

七八年の集団入水事件もそうだが、シンナーが最後に果たした役割にはもっと注目する必要がある。玉里村とその周辺で、暴走族やかつての暴走族に話を聞くと、シンナーによる幻覚のすさまじさが、ある程度は理解できる。

「お月様を引っ張るんだ」、元暴走族のBはそう言った。最初に金属的な耳鳴りがする。赤や白、お花畑のような色彩が、目の前に次から次へと現れる。ふと月を見上げると、月から自分の手のシンナー袋に細い光線が引かれているのだという。

「月から『色が来た』っていう感じだよ。その細い線をツーって引っ張ると、月が動くわけよ」

彼は、いったん斜めを見上げ、指先で線が空から手元まで引かれている仕草をした。

「引っ張りながら動くと、月もついてくるんだから、うん。それと、高いところと池が好きになるよ。『俺はカラスだぁー!』って、高い木の上から飛び降りたこともある。途中の枝に引っかかって助かったけど。みんなで神社の(屋根の)上に乗って、トットットッて歩いて。俺は(自分を)カッパだと思ったこともある。『カッパだぁー!』って霞ケ浦に飛び込んで、泳いでいったら漁師のオヤジがたまげて(笑)。俺の周りでも、十人くらい池に入ってる。波が、白とか金色とか銀色に見えるよ」

聞いていて、私は切なくなった。「お月様」も「高い木の上」も「湖」も、解き放たれることへの魂の憧れではないか。原初的な飢餓感と言い換えてもよい。それらは、まちがいなく抑圧の強さの裏返しである。

「シンナーを吸うと、そのときの気持ちが何倍にもなるんだよ。うれしかったら、うれしい気持ちが何倍にもなるし、悲しかったら悲しい気持ちが何倍にもなるわけよ」

と、これは別の暴走族のメンバーだったCの話である。

元暴走族のBは、飛び降りの現場にシンナーの袋がふたつしかなかったことに触れ、「ラリって」衝動的に飛び降りたのではないと、当初NHKニュースで報道されたような見方を否定する。

「ラリるのが目的だったら、シンナーの袋は五つないとおかしいよ。（ラリっているときは）自分のことしか考えてないから、袋が足りないと貸す貸さないで喧嘩になるよ。袋を口から離すと、すぐ効かなくなっちゃうから。初めから飛び降りるつもりで上がって、怖さを紛らすためにシンナーを吸ったんじゃねえの。袋ふたつでも怖さくらいは紛れっから。そうとしか考えられねえ」

十二月九日、茨城学園を抜け出してから飛び降りるまで、アカネはその大半の日々をハルナの家で過ごした。

二階の六畳程のハルナの部屋。床はフローリング、壁もカーテンも白で統一されている。ここでアカネとハルナは、朝十時か十一時ごろに起きると、マットレスを万年床代わりにして、おしゃべりをしたり、つけっぱなしのテレビをなんとなく見たり、ハルナの大好きな浜田省吾のCDをボリュームを大きくして聞いたり、そんなことをして毎日を送っていた。

昼の『笑っていいとも！』が始まると、下の階のキッチンで朝食兼昼食を食べる。ご飯に納豆、ハムかハンバーグ、ときどきチキンナゲット。アカネは「きゅうりのキューちゃん」とインスタントラーメンが好きだった。夕食は六時か七時ごろ、ハルナの母親が作った料理を二階に運んできて食べた。アカネが来る前からそうなのだが、家族そろっての食事はほとんどない。

食後はタバコで一服する。アカネはセブンスターを吸っていたが、ハルナがラッキーストライクに変えると、自分も付き合った。お金がないので、アカネはちょっと吸っては消し、しばらくするとまたそのタバコに火をつけて、ちょっと吸ってはまた消していた。タバコの味がわからない、とも言っていた。

アカネはハルナにいろいろな話をした。茨城学園に移されたとき、玉里中の先生に、「これで玉里中とは縁が切れる」と言われたことが、すごくショックだったこと。美容師か和裁の学校に行こうと思っていること。それから、もちろんケンジのこと。

「ケンちゃんは（姿は）見えないけど、アカネのそばにいるんだよね」

ケンジの話をしているときが、一番いきいきとして見えた。

自宅にも電話していた。

「もう茨城学園に帰らなくていいって、おかあさん言ってたよ」

うれしそうに話していたアカネ。読者は、アカネと母親がずいぶん離れたところにいたと思われるかもしれない。だが、ハルナの家から、アカネの母のいる公営住宅までは、直線にして二、三百メートルしか離れていないのである。ゴルフ場のキャディーになった母親は、アカネがそこにいることを知らなかったと、のちの葬儀で語っている。これほど近くにいるのに、アカネもうちには帰ろうとしない。それでも、いやそれだからこそ、アカネは母親に自分を捜しにきてほしかったのではないか。

十二月二十四日、ハルナの部屋でクリスマスパーティーが開かれた。午後一時の約束で、カヨコ、サチコ、タエコ、ナナが来た。部屋には、新聞の広告を細長く切って輪を作り、それを鎖のようにつなげたものが飾られている。アカネとハルナが徹夜でこしらえた。タエコが、誰かにもらったという箱入りのブランデーケーキを出す。カヨコとタエコが、コーラやファンタを買ってくる。ポテトチップスの袋も広げた。なんとなくパーティーらしい雰囲気になった。それからとりとめのない話をした。
ハルナ「高校、どこ行くの?」
カヨコ「土浦一高」
タエコ「入れるの?」
カヨコ「入れるよ」
ハルナ「ナナちゃんやサッちゃんは?」
ナナ・サチコ「ウーン(照れて笑う)」
すると、アカネが会話に加わった。
「アカネはねえー、ハルナと一緒に働くんだァ。高校に入らなくても、生きていけるよね?」
ハルナが、すかさず答えた。
「生きていけるよ。大丈夫だよ」
アカネは、赤と黒と白のチェックのシャツを着て、ニコニコしていた。ハルナが貸してあげたそのシャツの姿のまま、一週間後に飛び降りてしまうとは、ハルナは思いもよらなかった。ましてや、このパーティーで楽しくおしゃべりをした五人がそろって自殺を図るなんて、ハルナはいまだに信じられない。

アカネがハルナに書いた置き手紙――。

「つらいことも悲しいこともいっぱい、いっぱいあったけどこれから自分だけの力で精一杯がんばりたいと思う。人生の第一歩として明日から自分をもう一度つくってみたいと思う。高校なんか別に行かなくたっていい」

アカネが教護院から逃げてきた十二月九日に、この手紙は鉛筆で記されている。

「もう少しで中学も卒業するし、卒業するまでがんばって行きたいと思う。がんばって逃げながらも生活してきたいと思う。それまですごい、めいわくかけちゃうけど、本当、ごめんね」

十二月二十九日――。

カヨコ、サチコ、タエコはナナの家に午前中から集まっていた。夕方、アカネから電話が入り、石岡で落ち合う約束をする。四人はハイヤーで石岡へ。そのまま家出をする。サチコは自転車の鍵を持ったままだった。

夜九時ごろ、五人は石岡から東へ二十キロ以上離れた鉾田《ほこた》へ。そのうち二人は、中年の男性とラブホテル「X」(仮名)に入り、金銭を受け取った。夜中の二時か三時ごろ、タエコがケンジの母に電話、「近くの『ファミリー・マート』にいるんですけど、泊めてもらえませんか」。話しているうちに、「いま先輩が迎えに来たからいいです」と電話を切った。アカネは、十二月三十一日から一月五日まで、大晦日と正月をケンジの家で過ごす約束を、ケンジの母親としていた。

十二月三十日——。

朝十時ごろ、五人は鉾田で知人に目撃されている。昼前には、鹿島鉄道の玉造駅にいた。駅舎の中や外で、キャーキャー言ってはしゃいでいた。午後二時ごろ、駅前の雑貨屋へ。店に入るなり、「お湯は入れてもらえますか」と訊き、カップラーメンの「スーパーカップ海鮮1・5倍」と「スーパーカップ札幌みそラーメン1・5倍」を二個買って、三百五十円を支払う。かやくは「○○ちゃんが嫌いだから」と置いていき、具なしで湯だけを入れて持って行った。五人で二つのカップ麺を回し食いしていた。

五人のうち誰かが、ちょうど通りがかった六十歳代の不動産業者に、

「おじさん、クルマで水戸まで乗せてってよ」

そうせがんできたと、この不動産業者はあちこちで吹聴している。その夜は水戸駅南のラブホテル（名称不明）に泊まったらしい。

十二月三十一日、自殺決行の当日——。

朝八時半ごろ、水戸市の自殺現場となるマンション前の児童公園で、ぶらぶらしている五人が、近所の人に見られている。公園内の一人用トイレに三人が入ってシンナーを吸

い、外で二人が見張りをしていた。十時ごろ、そこから歩いてすぐの「吉野家」に入る。牛丼の並を二人前注文し、二人は食べたが、三人はカウンターに突っ伏したりタバコをふかしたりしていた。二、三十分で店を出て、再び公園へ。シンナーを吸い、飛び降りるつもりで、目の前の八階建てマンションに上がるが、こわくなり公園に引き返す。

昼過ぎ、もう一度シンナーを吸い、七階と八階のあいだの踊り場へ。そこで、アカネ、カヨコ、サチコ、タエコ、ナナの五人は最後のシンナーを吸った。手すりに馬乗りになり、いっせいに身を傾けた。

その直後、すさまじい破裂音があたりに響き渡った。

「ガスボンベか何かが爆発したのかと思ったね」

マンション住民の一人は、私にそう証言した。

腑に落ちない点は、いくつかある。なぜ五人は、普段あまり行かない鉾田や玉造や水戸に移動して回ったのか。彼女たちを乗せたクルマの持ち主は、それぞれ誰なのか。シンナーをどこで、誰から手に入れたのか。どうしてあの公園に行き、あのマンションを飛び降りの場所に選んだのか。

取材の結果、知りえた事実は次の通りである。鉾田は、玉里や石岡よりもシンナーが手に入りやすく、そこに暴力団が介在している可能性もあること。玉造駅前の広場は、「シャコタン」（改造車）の立ち寄る場所として知られていること。水戸の公園は暴走族のたまり場で、「シンナー公園」の異名があること。

少しでも手掛かりになるものを求めて、玉造駅前で少女らに話しかけられたという不動産業者の自宅を訪ねた。まったく予想外の反応が返ってきた。

「関係ない、帰れ！　三十日なんて忙しくて、そんなもの見とらん、知らん。何で俺が知ってんだ。どこを辿って俺のとこなんか来たんだ。玉里のやつのことなんか関係ない！　とにかく知らない。俺には関係ない。（床を強く踏み鳴らして）帰れ!!」

これでは、彼女らと何らかの関わりがあったことを、自ら告白しているようなものではないか。その後、繰り返しての取材の申し込みにも、この人物は一切応じていない。

十二月二十九日から三十一日までの五人の軌跡を辿っていくと、それまでとは明らかな違いが認められる。行動範囲ばかりでなく、行動そのものにも、かつてない逸脱が起きているのである。二十九日夜に五人のうちの二人が過ごした鉾田近くのラブホテル「X」に入って、その背景がわかった気がした。

入室するやいなや鼻をつく、カビくさいすえた臭い。回転ベッドのシーツも布団も、じっとりと湿気を含んでいる。ベッドを取り囲む四面の鏡には、べたべたと指紋の跡がつき、天井には蜘蛛の巣が張っていた。

壁に掛かっている額には、二人の騎馬警官がビルとビルのあいだを行く、奇妙な暗い絵。ベッドの上の赤い台に、コンドームの袋がひとつ……。

ここは、アカネが二十日近く匿《かくま》われていたハルナの部屋とは、別世界だ。あの部屋に満ちていた少女同士のぬくもりは、ここにはひとかけらもない。

彼女たちはこのラブホテルで、ある境界線を越えてしまったのかもしれない。そのあとは、違う世界で行き着くところまで行かざるをえなかった。途中下車など許されない、そんな「加速度」を私は感じるのだ。

思えば、アカネの短い生涯の最後の年は、悲劇への「加速度」をいや増すことばかりだった。最愛の恋人の事故死、両親の離別、教護院への転籍。アカネは自分を悲劇の主人公になぞらえるしか、生き抜くすべがなかったのではないか。

ケンジの死後のエピソードからもわかるとおり、アカネは明らかに「物語」を作り、その中で生きようとしていた。アカネが最も好きだった歌は、沢田知可子のヒット曲『会いたい』なのだが、歌詞に出てくる「あなた」を彼女は「ケンちゃん」と替えてカラオケで歌っていた。

低い雲を広げた　冬の夜
あなた　夢のように
　　死んでしまったの
今年も海へ行くって
いっぱい映画も観るって
約束したじゃない
あなた　約束したじゃない
　　　会いたい……

ところが、私も見守っていたカヨコの葬儀で、その出棺のとき、同じ曲『会いたい』が流されたのだ。カヨコの一番好きな曲だったというのである。

ひょっとすると、カヨコたち四人はある時から、アカネと同じ「物語」を、同じ「テーマソング」を口ずさみながら一緒に生きたのかもしれない。それが、どれくらい意識化されていたかは別としても——。

「うん、アカネたちが死んだのは、友達の家で聞いたの。聞いた途端、ハルナね、笑っちゃった。なんで笑ったのかわからない。ただ体が痺《しび》れて仕方がなかったの。そのあとね、ハルナ、暴れたらしいよ。大きな声で怒鳴ってたらしい。友達が外に連れ出してくれたけど、道端でも大きな声で叫んでたんだって。ひとりごとも何か言ってたんだって。全然覚えていないんだけど……」

ハルナは、ケンジが死んだ直後、アカネが事故現場に行ったときの話を、問わず語りにしはじめた。

ケンジの遺体はすでに運び去られていたが、その断片が道路には散乱していた。

ハルナが、さらりと言った。

「それをアカネが食べたんだって。自分の体にケンちゃんの体を入れたかったんだって」

（『現代』一九九三年三月号、肩書きは取材時のもの、一部加筆）

水先案内人を探す

この取材も、まったくのゼロから始まった。初めての土地ゆえ、手がかりはまるでない。

締め切りの関係で、取材期間はわずか半月余り。この間に取材のネットワークを構築し、事件の全体像を自分がある程度、納得のいくところまで把握するには、どうしたらよいか。

真冬の曇天の下、木々が鬱蒼《うっそう》と茂る玉里村の村道をさまよいながら、思わず「どうしよう、どうしよう……」とひとりごとが漏れたのを覚えている。

こういう場合には、〝手持ちの札〟をあらためて見直す必要がある。

このときの私の手持ちの札は、『現代』の矢吹編集長が、たまたま事件の起きた水戸の出身であるということだけだった。彼の高校の同窓生が「茨城新聞」の記者をしているというので、何はさておき紹介してもらった。地元紙の記者に顔をつないでおくのは、地方取材の第一歩である。

もっとも、今回の手持ちの札は、思いがけず強力であった。矢吹編集長の父親の旧知が、茨城で戦前から農民運動に関わっており、農協の組合長も務め、なんと玉里村に住んでいるというではないか。父親から頼めば取材に協力してくれるだろうと矢吹編集長から言われ、なにか目の前が少しだけ開けた気がした。

実際に会ってみると、その元農協組合長は、高齢だが茨城農民運動の生き字引のような人で、玉里村の歴史や住民気質にも精通していた。

雑談をしていると、こんなことを言った。

「村の中では、百年くらいのお互いの家族の歴史をみんな知っているんですよ。あそこの家では三代前のおばあさんがどうしたとか、おじいさんが何をしたとか、みんな知っていて、そういう噂話が（今度の集団飛び降り事件でも）いろいろと出ている。それで『だからあそこの一族は』となるわけです。陰で、みんな噂話をしている。都会にいたら、そういうことはなかなかわからないと思うけれど、これが農村社会というものなんです」

話に耳を傾けながら、この人に〝水先案内人〟になってもらおうと心に決めていた。

未知の分野の取材の際、私は真っ先に水先案内人をしてもらう人物を探し出そうとする。それは、在日コリアンの取材でも精神科病院の取材でも変わらない。

水先案内人の適任者とは、ひとことで言えば「野《や》に遺賢あり」と呼ばれるような人物である。その分野の表も裏もよく知っていて、一目置かれている。だが、そこにどっぷり浸かっているのではなく、どこか超然としたところがある。つまり、インサイダーでありながらアウトサイダーの視点も兼ね備えている。人柄がよく、出たがりでなければ、なおさら望ましい。言うまでもなく、その分野に幅広い人脈を持っている。

こういう人は大切にしなければならない。単に取材源としてだけではなく、人として学べるところが多々あるからだ。かような人物と取材後も交流が続き、ときおり訪ねて話をするような間柄になるのも、この仕事の大きな喜びである。

水先案内人は複数いたほうがいい。その第一候補と目した玉里村の長老でさえ、地元の女子中学生たちによる集団飛び降り自殺に対しては、

「どうしてこの村の子供たちがあんなことをしたのか、私にも全然わからない」

と顔を曇らせていた。

「ハルナ」に辿り着くまで

飛び降りた五人と接点のある水先案内人はいないものか。

切羽詰まって一心不乱に取材をしていると、〝窮すれば通ず〟ということがよくあるものだ。

玉里村でたまたま拾ったタクシーの運転手と車内で世間話をしていたら、彼が地元の暴走族のかつてのメンバーで、飛び降りた五人と直接の知り合いではないものの、彼女たちと付き合いのあった暴走族仲間なら何人も知っているという話を聞いた。

この運転手に限らず、タクシー・ドライバーは情報の宝庫である。とくに地方で取材する際には、レンタカーなど借りず、タクシーに乗って雑談に興じながら、いろいろと地元情報を聞き出すとよい。

俳優の小沢昭一は、地元のことを知りたいとき、別に肩が凝っていなくても、あんまやマッサージを頼むという。なかでも目の不自由な人のほうが、聴覚を通じた記憶力に秀でており、教えられることが多いそうだ。

このように一対一で接客する機会の多い仕事をしている人のところに、地元の情報は集まりやすい。理髪店・美容室やスナック、小料理屋、風俗店、屋台などで働く人たち（加えて、そこの常連客）も、同じ意味で情報の宝庫である。

地元の事情通には、ほかに次のような人物があげられる。地元のメディア関係者（タウン誌やミニコミも含む）、定住している作家、詩人、写真家、郷土史家、教師（とくに元教師）、政治家（とくに野党議員と元議員）、地元財界の有力者。彼らに比べて開業医や弁護士、不動産屋には情報が集まるが、多忙なうえ職業柄、口が固い（親しくなれば別だが）。警察情報の重要さは言うまでもないが、私の経験では、外部から来た記者には肝心なことを教えてくれない場合が少なくない。

くだんの、私が乗り合わせたタクシーの運転手は、「野に遺賢あり」のタイプではない。だが、地元の若者たちに関して、ことにドロップアウトした中学生や高校生たちについて詳しく把握していた。何よりも話し好き・世話好きなところがよかった。私は、彼と彼のタクシーをまる三日間貸し切りにしてもらい、現役および元・暴走族のメンバーに会いまくった。事件の二、三日前に少女らを乗せたという同僚の運転手からも話を聞くことができた。さらに彼から、飛び降りた五人の親友で、死んだ「アカネ」を長く自宅に匿っていた「ハルナ」という少女の存在を教えられたのである。

このハルナへのインタビューが取材の核心になることは、瞬時にわかった。けれども、彼女は五人と同じくまだ中学三年生で、両親と同居している。親友たちをいっぺんに失った彼女が、見ず知らずの大人の男性に心を開いてくれるかどうかわからない。高校受験も間近に迫っていた。

取材期間がじゅうぶんにあれば、私は時間をかけて彼女やその両親の信頼を得、ゆっくりと話を聞いていったことだろう。だが、ハルナの存在を知った時点で、残された取材期間は十日ほどしかない。

『ニッポンの現場』では、取材から執筆までのすべてを私一人でこなすことを原則としていたが、このときばかりは援軍が必要であった。私は、ハルナへの取材をノンフィクションライターの杉山春に依頼した。

杉山は、のちに『ネグレクト』で小学館ノンフィクション大賞を受賞し、「ネグレクト」という言葉を広く世に知らしめた書き手だが、当時はまだ無名の若手であった。私は、それよりずっと以前から親しい編集者を通じて彼女を知っており、その人柄と手腕に全幅の信頼を寄せていた。

彼女がいかに優秀なインタビュアーであるかは、ハルナの発言部分をお読みいただければ一目瞭然であろう。ハルナを通じて、アカネの恋人で事故死した「ケンジ」の母親にも杉山は会うことができ、事件の中心人物とされるアカネの内面に深く入り込んでいった。

水先案内人・知恵袋・キーパーソン

ところで、この取材には水先案内人がもう一人いた。現在は教育評論家として健筆をふるっている笠井喜世である。彼はそのころ、茨城の県立高校で教員をするかたわら、『茨城新聞』に教育関連のコラムを連載していた。

私は、現地入りする前から『現代』編集部に頼んで、事件に関する資料を入手可能なかぎり集めてもらっていた。正月休みに起きた事件とはいえ、衝撃度がきわめて高かったため、新聞・週刊誌に大きく取り上げられ、心理学者や精神科医ら〝識者〟による分析やコメントも多数掲載されていた。

その中から笠井にだけ会いたいと思ったのは、コラムの文面から浮かび上がる当事者意識の切実さゆえである。著名な心理学者や精神科医の発言は通り一遍で、この事件も所詮その場限りの分析の対象にすぎないと私には思えた。

笠井の連載コラムを全部読み、自宅を訪ねて、三時間近く話し込んだ。彼は一教員の立場から、茨城県の教育現場の実情を率直に説明してくれた。

私はその後、女子中学生たちが通っていた中学校の校長やアカネを面接した児童相談所の担当者、アカネが入っていた教護院の担当者に取材することになっている。建て前の談話が多くなりがちな公的な立場にある人たちに会う前に、本音の部分を知っておきたかった。笠井の話は、私が期待した以上に中身の濃いもので、またその人柄も水先案内人の模範のようであった。笠井との交流は、現在に至るまで続いている。

玉里村の元・農協組合長、暴走族出身のタクシー運転手、県立高校教諭の笠井喜世。この三人が、私の水先案内人となった。むろん「水先案内人になってください」と頭を下げたわけではなく、心の中で勝手にそう思い定めていただけである。

長編の取材では、水先案内人以外に〝知恵袋〟になってくれる人も、ぜひ見つけておくべきだ。知恵袋には、その分野を長年研究している専門家こそふさわしい。どんなに勉強しても専門家には容易に肩を並べられないもので、取材や執筆のさなかに自分ではどうしても解けない疑問が出てきたときには、こうした専門家の知恵を借りるのが最善の方法である。

ただし、専門家なら誰でもかまわないというわけではない。自説にこだわり、他の専門家を誰彼なしに罵倒するような人物（けっこういる）は避けたほうがいい。その分野に関して、偏りなく、バランスのとれた見方をしていること。同業者から広く信頼を集めていること。私利私欲からではなく、その分野や世の中のためによかれと思って発言を続けてきたこと。これらが、知恵袋を選ぶ際の判断基準である。

短編・長編を問わず、取材で見いだしておくべき人物は、もう一人いる。その取材にとって最も重要な人物、すなわちキーパーソンである。この人物とは密接な関係を結んで、何度も話を聞くことになる。「五人の少女はなぜ飛び降りたか」の取材では、ハルナが間違いなくキーパーソンである。

ここまでにあげた水先案内人と知恵袋とキーパーソンは、相互に重なる場合もある。いずれにせよ、適切な人物を早く見つけることが、短期取材では作品を成功させる決定的な要因となる。

真空地帯

事件ノンフィクションを手がける際、通常の取材以外にしておくべき作業は、おおむね三つある。

第一に、地元特有の人間関係をきちんと把握する。つまり、誰と誰とが対立関係にあり、誰と誰とがつながっているか。とりわけ、地元の人間のあいだでの金の流れを押さえておく。「五人の少女」の取材では、少女たちがシンナーを買う金をどうやって工面し、誰からシンナーを購入したかがきわめて重要であった。

第二に、地元の歴史を必ず調べておく。情報源は、人では郷土史家や地元の古老、場所では地元の図書館や歴史資料館、古書店などである。その際の大きなポイントは、①戦争、②高度経済成長、③バブル崩壊、これら三つの大きな社会変動によって地域がどんな影響を受けたかという点だ。

第三に、ある意味で〝環境〟が事件を引き起こすのだから、現場周辺の環境だけでなく、現地の風土や住民気質についても事前に調査し、さらに人口動態、産業構造、就業形態、事故や犯罪などのデータといった統計資料にも目を通しておく。原稿には直接活かせなくても、こうしたバックグラウンドを知っているかどうかで、書く内容の厚みが違ってくる。

事件取材をしてみるとわかるが、ほとんどの現地は、新聞・雑誌・テレビなどの既存メディアによって多かれ少なかれ荒らされている。ややもすれば手の施しようがない思いにとらわれるのだけれど、どこかに手つかずの〝真空地帯〟のようなところが必ずあるものだ。そこをいかに早く、的確に探り当てるか。

「五人の少女」の場合、アカネと短い恋愛関係にありながら、生き急ぐかのように交通事故で死んだケンジの存在が、まさに真空地帯であった。ケンジについては、どこのメディアもまったく報じていなかったのである。しかし、このケンジの死こそが、少女たちを集団自殺に向かわせる最初の大きな引き金になった。ケンジという真空地帯の発見によって、アカネが抱いていた飢餓感があらわになる最後の衝撃的な場面も引き出されてきた。だが、そうした事柄も、アカネとケンジとが出会った石岡祭りのような風習や地元の非行問題といったバックグラウンドを知らなければ、たぐり寄せられなかったにちがいない。

事件はすべて、氷山の一角である。水面下への目配りをつねに怠らず、ミクロとマクロの視点を併《あわ》せ持てば、真空地帯はおのずと立ち現れてくる。マクロを「歴史性」および「世界性」と言い換えてもよい。そこさえ見つかれば、事件ノンフィクションの最初にして最大のハードルは跳び超えたも同然である。

第八章　体験を書く

体験エッセイを例にして

最後は、テーマ・ノンフィクションの方法である。読者にとっては、「人物」や「事件」よりも、こちらを書く機会のほうがはるかに多いのではなかろうか。

「テーマ・ノンフィクション」などと堅苦しい言い方をすると、身構えてしまわれるかもしれないが、「訪問記」や「体験エッセイ」も私の見方では「テーマ・ノンフィクション」である。何かの主題をめぐり、事実に基づいて書かれた文章――、それがテーマ・ノンフィクションにほかならない。

これから紹介する拙文も、一般には「体験エッセイ」と呼ばれるものであろう。

医療法人の徳洲会グループが定期的に刊行している「看護&ケアマガジン」の『VIVO』に、「ナースにチャレンジ」という連載企画がある。作家や俳優といった看護とは異分野の人間に、一日ナースの見習いをさせ、その体験記を掲載するページである。

私は、東京都昭島市にある東京西徳洲会病院を訪ね、朝八時から夕方五時すぎまで、女性看護師の手助けを受けながら、ナースのまねごとをしてみた。編集部がつけた見出しは、「難病の病棟で垣間見た患者さんとナース、それぞれが乗り越える〝葛藤〟」というものである。短い文章なので、すんなりお読みいただけると思う。

せっかくの貴重な看護体験というのに、私はまったくの白紙状態であった。

＊　＊　＊

二週間の関西での取材を終え、前夜あわただしく帰京した私は、「難病」というだけで、いったいどんな患者さんが入院しているのかも知らぬまま、朝八時前、東京都昭島市の東京西徳洲会病院の病棟に駆けつけたのである。

そこで、決して誇張ではなく、「運命」としか言いようのないものを感じた。この病棟に入院している患者さんの大半が、ALS、つまり「筋萎縮性側索硬化症」に罹患《りかん》した方々だったからである。

私の最も親しい編集者の命を奪ったのも、この病気であった。彼、文藝春秋のI氏は、私がメディアの世界に入った二十四歳のときから、大宅賞を受賞した翌年までの十七年間、一番身近で支えてくれた編集者だったが、「筋萎縮性側索硬化症」と診断されてわずか半年後に、四十五歳の若さで急逝した。

I氏のことを思い出さない日はないほど、私は彼の死を引きずっている。今回の看護体験でたまたま訪問した病棟に、同じ病いで苦しむ患者さんたちが多いことを知った瞬間、私はI氏に「導かれた」と思った。

夜勤のナースが、これから日勤に入るナースに患者さんたちの容態を伝える〝申し送り〟のときから、私は、この病棟は何かが違うと感じていた。

電子音のメロディーが、ほとんど絶え間なく、どこかから聞こえている。

「この音、何ですか?」

そばにいた看護師長の山口優子さんに訊くと、

「ナース・コールなんですよ」

まさかナース・コールとは(!)。

私も、精神科救急の現場を三年ほど取材したり、救命救急センターや認知症の病棟をレポートしてきたりして、ナース・コールには馴染んでいるはずなのだが、こんなにナース・コールが鳴りつづける病棟は初めてだ。患者さんたちが「いますぐ来てください」と、ひっきりなしに訴えているのである。

一日のナース・コールの数が、多いときには六千回と聞いて、なおさら仰天した。一人の患者さんが一日に鳴らすナース・コールの回数が、平均数百回だという。病棟にはつねに三十数名の患者さんがいるから、なるほど六千回という数字にもうなずける。

この病棟のナース・コールは、形からして違う。たとえば、白鳥の首からくちばしにかけての形を思い浮かべていただきたい。そのような形状の器具が、ベッドサイドから伸びて、患者さんの頬すれすれのところにセットされている。患者さんは、頭をほんの少し動かすだけで、ナース・コールを鳴らせる仕組みになっている。身体の自由をほとんど奪われている患者さんに合わせて作られたナース・コールなのである。

「ALSの患者さんは、体はほとんど動かせなくても、頭は非常にクリアなんですね」

と山口看護師長は言う。なんとむごい病気であることか……。

「ですから、全神経を自分の体に向けています。背中がかゆい。ベッドに置いた手の位置が気に入らない。羽毛布団が重い。けれども、自分ではどうにもならない。いまこのとき呼ばなければ、というのでナース・コールを鳴らされるんです」

もうひとつ大きな違いがあると、山口看護師長は補足した。

「ナース・コールが鳴ったとき、ほかの科ならマイクで『どうしました?』と訊けますよね。でも、ここでは(話のできない患者さんが多いので)鳴ったら、マイクで言葉を掛けず、すぐ行かなくちゃいけないんです」

夜勤でも?

「夜も鳴りどおしです。夜勤で眠れることなんて、ひと月にいっぺんあればいいほうですよ」

私自身、何度も夜勤の同行取材をしたことがあるが、こんな過酷な夜勤は前代未聞だ。これではナースたちもまいってしまうにちがいない。山口看護師長に問うと、

「スタッフの何人かが精神的にバランスを崩していて、治療を受けたナースも二人います」

ちょっと悲しい目になって答えた。

たった一日の看護体験とはいえ、こういう患者さんたちにどう接したらよいのか。暗澹たる気分で、私はきょうご一緒させていただくナースの根釜《ねがま》富美代さんに付いて病棟に向かう。

ところが、このナースさん、けっこう人使いのあらい〝指導教官〟なのだ。

「枕カバーを取り換えてもらえますか?」

「そこのシーツ交換もお願いします」

「今度は布団カバー。この端っこをこう裏返しにして、そこに布団の先を入れて、こうやってまた裏返しにして」

てきぱきと作業を進める根釜さんを上目遣いに、私はおろおろとうろたえるばかり。あの〜、私、不器用なもので……。

「あっ、私も不器用ですよ」

さらりと受け流されてしまった。

オムツ交換では、もっと醜態をさらした。根釜さんが六十歳代の男性の紙オムツをはずし、患者さんの両足を広げて大便をすくいとっているのを手伝おうと身をかがめた途端、むっとする便臭で急に吐き気がこみあげ、私は口を押さえてベッドサイドから逃げ出したのである。

もう少しで嘔吐するところだった。精神科病棟でオムツ交換には何度も立ち会っているのに、何たる不甲斐なさかと自分をののしった。


根釜さんは、三歳の双子と一歳の赤ちゃんがいる、若いお母さんでもある。夜勤のとき、生まれて間もない女の子の赤ちゃんをおんぶしてあやしていたこともあるそうだ。一見無口な女性かと思ったけれど、さばさばとした、プロ意識の高いナースさんである。私にあれこれと〝指導〟するのも、できるだけ有意義な看護体験をしてもらいたいという気遣いからなのだと、すぐにわかった。

そんな彼女ですら、

「家に帰っても、ナース・コールの音が響いてますすねえ……」

ぽつりと、そう言った。

患者さんの歯磨き、昼食の介助、患者さんを抱きかかえての車椅子への移動。いくつか体験させていただいただけでも、いかに重労働かを実感する。

おまけに、重篤な患者さんとのコミュニケーションが、私にはまったくとれない。唇のかすかな開閉や、まばたきと眼球の動きによって、何らかの意思を伝えようとしていることだけはわかる。

「(患者さんが)何を言っているか、わかりますか?」

根釜さんに尋ねられ、力なく首を横に振ると、

「私も最初のうちは、何度訊いてもわからなかったんですよ。パニックになっちゃって、先輩の助けを求めたことが何度もありました」

と打ち明けてくれた。

つらいことは?

「入院してこられたときには、あれもできた、これもできたのに、三カ月、半年と経って、あれもできなくなっている、これもできなくなっているということを確認してしまったときですね……」

ALSは、くやしいことに、有効な治療法がいまだ見つかっていない。友人の編集者の

ように急逝するケースは稀にしても、死に向かって衰弱していく過程を遅らせることくらいしか、現在の医療ではできない。ナースにとっては、労多くして報われることの少ない仕事と、私の目には映る。

しかし、誰よりもつらいのは、患者さんたちなのだ。意識はこのうえなく鮮明なのに、体が言うことを聞かない。指一本動かせないどころか、まばたきすることしかできない人もいる。

少なからぬ患者さんが自死を考えるという。ところが、

「この病気は、死ぬ選択も許されていないんです」

山口看護師長の言ったひとことに、私は絶句した。

このベテラン・ナースにしても、半年余り前の病棟開設当初は、重苦しい日々を送ったようだ。

「患者さんの人生そのものを抱え込んでいるような葛藤があって、それがすごく負担に感じましたねえ。この方たちは何を楽しみに生きていかれるんだろうと考えると、私では支えきれない感じがして、どうしても（患者さんの）ベッドサイドに足が向かわないんですよ。何度、廊下をぐるぐる回ったか。ナースを二十五年していて、こんなことは初めての体験でしたね」

そこをどう克服したのですか？

「いま一瞬のこの時間、患者さんとの関わりを大切にしていけばいい。そう思えるようになってから、切り替えができるようになりましたね。いまは特別な病棟という意識は持っていません」

私も、

「いま一瞬のこの時間、いま一瞬のこの時間」

と、小声で繰り返してみる。

山口看護師長と一緒にリハビリ・ルームに行くと、車椅子に座った女性の患者さんが、パソコンに向かっていた。パソコンの画面に、書きかけの文章が映し出されている。

「最近日を追うごとに、腕および指先の筋力が非常に衰えてきたことを実感しています。というのは、携帯メールを打ち込むときに何の抵抗もなくできていたのにいまは机上で行うことも難しく、食事をする前に」

と、ここまで書いたところで、その初老の女性は私にちらりと視線を向けた。

昨年の夏、「ＡＬＳ」と告知されたという。六十一歳、独身、子供はいない。

「すごいショックでしたね……。それを受け入れるのに一週間かかりました。自分を納得させるのに……」

山口看護師長が尋ねる。

「一日、一日、どんな気持ちで生きているんですか？」

女性は、ちょっと困ったような笑みを浮かべ、だがすぐに言った。

「なるようにしかならないのかなあって。きのうまでできたことが、えっ、どうしてできないのっていう感じですねえ。腕が上がらない。指先の力がなくなる。腕の筋力もなくなっている。いまは両足とも動きませんから、車椅子です。もうこうなっちゃったら、いろいろ言ってみても、どうしようもないことですねえ」

私も、ためらいを振り切って質問する。

「どのようにして気持ちを落ち込まないようにしておられるんですか？」

彼女は、いやな顔ひとつせずに答えた。

「時間が経てば、ああ、しようがないやって。これがダメだったらあれをしてみるという生き方をしてきましたから。いまの楽しみは、これ」

と、そのままの姿勢で、パソコンのほうに目をやり、

「これで友達と会話することですね」

静かに微笑みながら言った。

強い人だ。私なら、とてもこんなに淡々としてはいられまい。きっとぶざまに大騒ぎをやらかすだろう。運命を嘆き、天を呪うだろう。

友人の編集者I氏は、ステロイド療法から漢方、気功などの民間療法に至る治療を受けた果てに、ため息をつくように言ったものだ。

「神も仏もないいんだよなあ……」

その言葉の重さが、いまさらながら胸に響いてくる。

患者さんたちはいったい何を支えにして、この希望のない苦行のような日々を耐えているのだろうか。

山口看護師長もナースの根釜さんも、答えは同じであった。

「家族ですね」

しかし、家族にも、本当のつらさはわからないのではないか。

山口看護師長は、私の質問に対して、しばらく考えてから、こう答えた。

「患者さんにとっては、呼吸器を付けるかどうかが、一番つらい選択なんです。(気管を切開して取り付けるので)それまでのようには話せなくなってしまいますから。そのとき呼吸器を選択するのは、家族のために、という方がほとんどなんですよね」

では、その家族を支えているものは?

「たとえば、高齢の奥さんが、往復に五時間もかけてご主人に会いに来られます。『話はできないけれど、おとうさんと手をつないだだけで、この一週間、おとうさんがどんな思いでいたかわかります。それが支えです』って。ご家族にとっては、生きてくれているだけで、ちゃんとおとうさんの役割を果たしているんですね」

そこまでひと息に話してから、山口看護師長は視線を下に落として、ひとりごとのようにつぶやいた。

「感動しますよね……」

根釜さんも、激しく胸を揺さぶられたことがある。

その女性の患者さんは、根釜さんにとって苦手な人であった。昼夜を分かたず、ナース・コールをあまりにも頻繁に鳴らすからだ。

この女性がある日、発熱した。ちょうど家族が面会に来る当日だったのだが、急用で来られなくなり、心細げな彼女に、根釜さんは、

「一時間に一回、見にくるからね」

と話しかけ、約束通り一時間に一回、具合を見にいった。

それからしばらくして、根釜さんが彼女の元を訪ねると、パソコンの画面に、

「てがみ」

と書いてある。彼女は、目の端にセンサーを付け、首をわずかに動かす動作で文字を入力している。ひらがなを漢字に変換する操作はできない。

「手紙があるの？」

「……（まばたきで返事をする）」

「だれに出すの？」

「……（根釜さんのほうを見る）」

「どこにあるの？」

すると、センサーが作動して、パソコンの画面に、

「ひきだし」

の文字がぱっと現れた。

引き出しをあけると、そこに根釜さん宛ての手紙が入っているではないか。

驚いて、手に取った。おそるおそる開いてみた。

「みにきてくれて、ありがとう。おかげでねつもさがって、ゆっくりねむれました。ありがとう」

ひらがなだけの紙片を手に、根釜さんはうつむいて涙をこらえていた。

(『VIVO』二〇〇六年六月号、肩書きは取材時のもの、一部加筆)

下調べをやめた理由

四百字詰め原稿用紙に換算すると十五枚程度のこの短編ノンフィクションで、私は、これまで述べてきた自説を裏切るようなことをしている。

取材前の下調べはできるかぎりするように言っておきながら、この取材ではまったくしていない。「私」が前面に出るのは避けるべきだと書いたのに、ここではのこのこしゃしゃり出ているように見える。

しかし、この場合、私はあえてそうしている。連載のほかの回に登場していた作家や俳優とは異なり、なまじ医療現場を取材してきただけに、私には今回の取材にとってはおそらく余計な〝現場慣れ〟がある。これ以上、事前の知識を詰め込むのは、マイナスにしか作用しないと判断したのである。

難病の現場を知らない人間が、たった一日とはいえ、そのまっただなかに投げ込まれたらどうなるか。「難病の現場を知らない人間」とは、すなわち大半の読者のことでもある。いわば、読者の代わりに現場に入り、五感で感じたことをなるべくそのまま読者に差し出すのが、今回の体験取材における私の役割であろう。それゆえ、例外的に「私」が表に出る形にしたのである。

裏話をすると、編集部から看護体験の現場としていくつかの候補をあげられたとき、私はためらいなく産科を希望した。二十年近く前、当時はほとんど知られていなかった救命救急センターに一週間泊まり込んだのを皮切りに、精神科病院や特別養護老人ホームなどさまざまな医療施設を取材してきたので、今度は「誕生の現場」を見てみたいと思ったのだった。

ところが、男性の看護体験者を受け入れてくれる産科が結局見つからず、編集部の「できれば難病の病棟を」という依頼を受けて訪れたところが、ALSの患者さんを主に受け入れているこの病棟だったのである。結果として、私はかつての編集担当者だったI氏を死に至らしめたのと同じ病いに苦しむ患者さんたちと出会うことになる。「運命」と書いたが、これも前述した「取材運」のひとつなのかもしれない。この仕事を続けていると、こういうことが稀にある。

自分でテーマを見つけるために

テーマ・ノンフィクションとはいえ、この場合はあらかじめテーマが決められていたわけだが、自分からテーマを見つけ出すにはどうすべきなのか。

ここまで便宜上、人物・事件・テーマに分けて論じてきたけれど、いずれもテーマを必ず設定しなければならないので、実は人物ノンフィクションと事件ノンフィクションもテーマ・ノンフィクションの範疇《はんちゅう》に入るのである。その意味で言えば、あらゆるノンフィクションはテーマ・ノンフィクションなのである。

書きたいテーマがすでにある人はいい。あとは調べる技術と書く技術を身につけるだけだ。

しかし、何かを書いてみたいけれど、漠然としていて、はっきりとしたテーマはまだ見つかっていない人のほうが、圧倒的に多いのではないか。

テーマを見つけるうえで私が一番役立つと思うのは、一人旅である。日常とは違う風景や人々の中に身を置いてみると、自分の輪郭がくっきりとしてくるものだ。それゆえ、複数ではなく、一人の旅でなければいけない。

一ヵ所に留まらず、移動しつづける旅には、自分の中に埋め込まれていて普段は気づかない、時間の感覚を呼び覚ます働きがある。時間をさかのぼることも、時間を先取りすることも、より容易になる。空間的な移動によって、時間的な移動もたやすくなるのである。

空間を横軸とし、時間を縦軸とすると（再び、横軸を「世界性」、縦軸を「歴史性」と言い換えてもよい)、横にも縦にも大きく広がった位置取りから、逆に現在の自分の姿が見えてくる。そうなれば、やがてテーマも見えてくるにちがいない。

また、意識的に好奇心を持とうとするのも、テーマ探しの役に立つはずだ。たとえば、駅などでエレベーターの工事をしているとき、中の具合がどうなっているかのぞきこんでみる。街で人だかりがしていたら、通り過ぎず、輪の中に入っていく。パトカーや消防車のサイレンが近くで聞こえたら、飛び出して見にいく。

馬鹿げた話と笑われるかもしれないが、テーマ探しに限らず、ノンフィクションを書く仕事にとって最大の敵は無関心である。何かに驚いたり何かをおもしろがったりする気持ちこそ、大切だ。こうした気持ちは、残念ながら、日本の学校教育の中では摩滅していく。ふと気づくと、何かを深く好きになれない大人になっていて、愕然とさせられたことが誰にもあるだろう。

テーマを見つけるには、子供の好奇心を呼び戻さなければならない。そのためには、下校時のランドセルをしょった小学生と並んで、工事中のマンホールのわきにしゃがみ込み、中を一緒にのぞいてみたりするくらいでちょうどいい。こうして意識的に何にでも興味を持つ〝癖〟をつけておくと、好奇心のアンテナがいずれ何かを感知するだろう。そこからテーマの芽が出はじめるのは、大いにありうることだ。

取材中や執筆中、まるで迷路の中に踏み込んだかのごとく、にっちもさっちもいかなくなったときにも、子供の視点に立ち返ると、地に足をつけて物事を見ることができるようになる。背伸びをしすぎていた自分に気づいて、はっとさせられることがあるものだ。

最後におすすめしたいのは、やはり濫読である。とくに、よいものをたくさん読むことだ。

活字にかぎらない。映画でも、芝居でも、絵画でも、音楽でも、あらゆる表現ジャンルで、まず自分が関心を持ったものにどんどん接していく。それから、自分の関心とは多少はずれていても、世評の高いものに触れてみる。最初は広く浅く、徐々に狭く深く、いずれは広く深く、方向性を変えながら、貪欲に吸収していく。すると、いつの間にか自分の中に〝貯水池〟のようなものができあがっているのに気づくだろう。

貯水池に水がだんだん貯まっていき、あふれ出たものが、自分のテーマなり、自分の表現なりになる。そういったイメージが、私にはあるのだ。

豊かになる

振り返ってみると、私はノンフィクションの手法を伝えるこの本で、豊かになるとはどういうことかを語ってきたような気がする。

人に会い、話を聞き、文章にする。たくさん読み、たくさん観《み》、たくさん聴く。こんなことを繰り返すうち、知らず知らずに自分が豊かになっている。多少なりとも、ましな人間になっている。傍目にはどう映ろうとも、自分自身にはそうした実感がある。

さらに、他者や世の中から受けたものを、ごくごく取るに足りない形であっても、お返しすることができる。思い込みにせよ、それが可能な表現方法を体得している。

ノンフィクションの仕事に携わる喜びとは、つまりこういうことではないか。

この仕事を四半世紀も続けてきて、ひとまずたどりついた結論は、自分でも拍子抜けするほどシンプルなものであった。

あとがき

私の手元に、故人の手になる三冊のサイン本がある。

一冊は見返しに相合い傘が描かれており、傘の右側には「アラカン」、左側には「竹中労」としてある。サインの主は竹中労その人、書名は評伝文学のすでに古典と言える『聞書アラカン一代　鞍馬天狗のおじさんは』である。「一九七八年二月八日　浅草木馬亭にて」という私の添え書きを見ていると、眼前にはたちまち、古びた浅草の寄席の片隅で、坊主頭をうつむき加減にペンを走らせていた竹中労の姿が蘇る。

若い読者はご存知ないかもしれない。竹中労とは、一九六〇年代から七〇年代にかけて、『逆桃源行』や『汎アジア幻視行』（『話の特集』に連載されたが、単行本化はされていない）などの作品でアジア・ルポルタージュの荒野を切り開いていった、草創期のルポライターにして稀代の名文家である。そのころ彼は毎月、「巷談の会」と題するトーク・ライブを浅草で開いており、大学生だった私はほとんど欠かさず客席に足を運んでいたのだった。

二冊目のサイン本は、厚手の箱入り、七百ページになんなんとする大著で、内表紙に

『レイテ戦記』、その横に達筆で「大岡昇平」とある。大岡昇平自筆の日付は、「一九八二年一〇月二二日」――。

その日、友人のお供で東京・成城の大岡邸を訪ねた私がおそるおそるデビュー作の『フィリピン新人民軍従軍記』を差し出すと、瘦身の老大家は、

「あ、それ持ってるから」

歯切れのいい東京言葉で答え、「お読みいただけたんですか」と喜ぶ私に、黙って首肯しただけで、あとに何の感想も続かず、私は内心ひどく落胆したことを覚えている。

振り返れば、この二冊のサイン本のあいだに、私はノンフィクションライターとしての歩みを、おぼつかない足取りながらも始めたのだった。つまり、竹中労と会ってまもなく私はフィリピンへと旅立ち、二年後帰国して『フィリピン新人民軍従軍記』を上梓してから一年余りのちに、フィリピン戦線を舞台にした『野火』や『俘虜記』などの作品で私が文章の師表と仰いできた大岡昇平と対面するのである。

プロのライターになると、逆にサインとは縁遠くなるものだ。

ビートたけし、勝新太郎からフランシス・コッポラ、レナード・バーンスタインまで、著名人に会えるのはこの仕事のいわば〝役得〟だが、こちらも取材である以上、サインを

求めたりは決してしない。

考えてみれば、私が学生時代からその作品を愛読していた鎌田慧、沢木耕太郎、澤地久枝、立花隆、本多勝一、本田靖春、柳田邦男、山崎朋子といったノンフィクションの書き手たちにも私は何度か会うようになっているのだが、彼らの著作にサインを求めたことはない。

私がサイン本を再び入手するのは、この世界に入って十数年後、取材でひと月のほぼ半分をアジアで過ごしていたときのことだ。

タイのバンコクで、親しくなったある在留邦人から、

「これ、野村さんが持っていたほうが、著者の方も喜ぶでしょうから」

そう言って手渡されたのが、ハードカバーの『バンコクの妻と娘』だったのである。わくわくしながらページを開くと、そこには端正な文字で、

「近藤紘一　一九八二年一月二二日」

とあった。

ベトナム報道で知られ、哀切きわまりない名著『サイゴンから来た妻と娘』を書いた近藤紘一は、この四年後に胃がんのため四十五歳の若さで亡くなっている。弔辞を読んだのは、司馬遼太郎であった。

近藤が海外特派員として最後に赴任したバンコクの地で、その十数年後に彼の直筆が残る著書を手にしたのも、何かの縁にちがいない。近藤には遠く及ばずとも、アジア報道をきちんと継承していこうと思ったことだった。

アラン・シリトーの『長距離走者の孤独』は学生時代の愛読書で、ノンフィクションライターの孤立無援さをそれに擬してきた私だったが、近年とみに「長距離走者」であっても、むしろ「駅伝ランナー」に近いのではないかと自身をみなすようになっている。前のランナーから襷《たすき》を引き継ぎ、与えられた区間を全力で走りきったあと、次のランナーに襷を手渡す。私は実に頼りない走者だが、足をふらつかせながらも、襷だけは後続の走者に届けたい。

いま手元にある三冊のサイン本も、私にとっては襷そのものなのである。

ただし、この走者は、あきらめが悪い。襷をひとまず手渡したあとも、まだ長距離走をやめないつもりなのだ。性懲りもなく、近々《ちかぢか》またアジアを走りに出掛けようとしているのである。

野村　進

二〇〇八年早春

本文で紹介したノンフィクション作品および主な参考文献
（書籍のみ、著者別五十音順）

○本文で紹介したノンフィクション作品

ギュンター・ヴァルラフ『最底辺』（岩波書店）
大岡昇平『レイテ戦記』（中公文庫）
ロバート・カーソン『シャドウ・ダイバー』（早川書房）
開高健『人とこの世界』（中公文庫）
角岡伸彦『被差別部落の青春』（講談社文庫）
トルーマン・カポーティ『冷血』（新潮社）
鎌田慧『自動車絶望工場』（講談社文庫）
ジョン・ガンサー『ガンサーの内幕』（みすず書房）
ボブ・グリーン『アメリカン・ビート』（河出文庫）
『チーズバーガーズ』（1）（2）（文春文庫）
バーナード・クリッシャー『インタビュー　天皇から不破哲三まで』（サイマル出版会）
小高正志『夜に蠢く政治家たち』（エール出版社）
ラリー・コリンズ／ドミニク・ラピエール『さもなくば喪服を』（早川書房）
近藤紘一『サイゴンから来た妻と娘』（文春文庫）
『バンコクの妻と娘』（文春文庫）

斎藤茂男『父よ母よ！』（講談社文庫）
佐木隆三『殺人百科　二』（徳間文庫）
佐野眞一『旅する巨人』（文藝春秋）
沢木耕太郎『敗れざる者たち』（文春文庫）
週刊現代編集部編『大森実「直撃インタビュー」全速記』（講談社）
『大森実「直撃インタビュー」全速記第二集』（講談社）
杉山隆男『メディアの興亡』（文春文庫）
杉山春『ネグレクト』（小学館文庫）
スタッズ・ターケル『仕事！』（晶文社）
『インタヴューという仕事！』（晶文社）
高木徹『ドキュメント戦争広告代理店』（講談社文庫）
竹中労『聞書アラカン一代　鞍馬天狗のおじさんは』（ちくま文庫）
『逆桃源行』（山と渓谷社）
立花隆『宇宙からの帰還』（中公文庫）
『ジャーナリズムを考える旅』（文藝春秋）
ゲイ・タリーズ『汝の父を敬え』（新潮社）
野村進『アジア　新しい物語』（文春文庫）
『救急精神病棟』（講談社＋α文庫）
『コリアン世界の旅』（講談社＋α文庫）
『ニッポンの現場』（講談社）
『千年、働いてきました』（角川ｏｎｅテーマ21）

『フィリピン新人民軍従軍記』（講談社＋α文庫）
『脳を知りたい！』（講談社＋α文庫）
デイビッド・ハルバースタム『ベスト&ブライテスト』（朝日文庫）
『覇者の驕り』（新潮文庫）
船橋洋一『ザ・ペニンシュラ・クエスチョン』（朝日新聞社）
アレックス・ヘイリー『アレックス・ヘイリー　プレイボーイ・インタビューズ』（中央アート出版社）
辺見庸『もの食う人びと』（角川文庫）
堀江邦夫『原発ジプシー』（講談社文庫）
本多勝一『そして我が祖国・日本』（朝日文庫）
本田靖春『誘拐』（ちくま文庫）
溝口敦『食肉の帝王』（講談社＋α文庫）
山際淳司『スローカーブを、もう一球』（角川文庫）
吉田司『下下戦記』（文春文庫）
ローリング・ストーン編集部編『ローリング・ストーン　インタヴューズ　80s』（CBSソニー出版）

○主な参考文献

青地晨編著『ルポライター入門』正・続（みき書房）
アスキー・ドットPC編集部編『グーグル最新検索術』（アスキー新書）
安部敏行編著『劇的人間』（マルジュ社）
猪狩章『体験的メモ学』（情報センター出版局）
池島信平『雑誌記者』（中公文庫）

石井政之編著『文筆生活の現場　ライフワークとしてのノンフィクション』（中公新書ラクレ）
井田真木子ほか『ノンフィクションを書く！』（ビレッジセンター出版局）
猪野健治『雑誌記者入門』（みき書房）
『編集・取材の知識100』（みき書房）
猪瀬直樹編著『ノンフィクション宣言』（文春文庫）
モーリッツ・フォン・ウースラー『インタヴューズ』（三修社）
ヤン・S・ウェナー編著『ローリング・ストーン・インタビュー選集』（ティー・オーエンタテインメント）
歌川令三ほか『サイバージャーナリズム論』（ソフトバンク新書）
ロバート・エマーソンほか『方法としてのフィールドノート』（新曜社）
扇谷正造『聞き上手・話し上手』（講談社現代新書）
『増補改訂現代ジャーナリズム入門』（角川文庫）
『現代マスコミ入門』（実業之日本社）
大森実『エンピツ一本』（上）（中）（下）（講談社）
大宅壮一『大宅壮一全集　第三巻　ジャーナリズム講話』（蒼洋社）
加藤秀俊『取材学』（中公新書）
鎌田慧『ルポルタージュの書き方』（明治書院）
『ルポルタージュを書く』（岩波同時代ライブラリー）
城戸又一・岡崎万寿秀編『ジャーナリストの原点』（大月書店）
ダン・ギルモア『ブログ　世界を変える個人メディア』（朝日新聞社）
黒田清『新聞記者の現場』（講談社現代新書）
『体験的取材学』（情報センター出版局）

黒田清編『未来のジャーナリストたちへ』（マガジンハウス）
計見一雄『スタンダード精神科救急医療』（メヂカルフレンド社）
『精神救急ハンドブック』（新興医学出版社）
講談社Ｗｅｂ現代編『編集者の学校』（講談社）
斎藤茂男『記者志願　斎藤茂男取材ノート（6）』（築地書館）
『事実が「私」を鍛える』（太郎次郎社）
『新聞記者を取材した』（岩波書店）
斎藤信也『人物天気図』（朝日新聞社）
斎藤美奈子『文章読本さん江』（筑摩書房）
佐藤郁哉『フィールドワークの技法』（新曜社）
佐藤正弥編『データ・バンク　にっぽん人』（現代書林）
佐野眞一『私の体験的ノンフィクション術』（集英社新書）
沢木耕太郎『路上の視野』（文藝春秋）
「仕事」編集委員会編『インタビュー「仕事」の世界6　伝える仕事』（日本経済評論社）
篠田一士『ノンフィクションの言語』（集英社）
週刊朝日編『私の文章修業』（朝日新聞社）
クリストファー・シルヴェスター編『インタヴューズ』Ⅰ Ⅱ（文藝春秋）
菅原和孝編『フィールドワークへの挑戦』（世界思想社）
関朝之『10人のノンフィクション術』（青弓社）
関満博『現場主義の知的生産法』（ちくま新書）
高平哲郎『星にスイングすれば』（晶文社）

『みんな不良少年だった』（白川書院）
武田徹『調べる、伝える、魅せる！』（中公新書ラクレ）
竹中労『決定版ルポライター事始』（ちくま文庫）
田勢康弘『ジャーナリストの作法』（日本経済新聞社）
立花隆『「知」のソフトウェア』（講談社現代新書）
谷富夫編『ライフ・ヒストリーを学ぶ人のために』（世界思想社）
玉木明『言語としてのニュー・ジャーナリズム』（學藝書林）
茶本繁正『現代フリーライター論』（三一書房）
鶴見良行『鶴見良行著作集　フィールドノート』（1）（2）（みすず書房）
東京ブックマップ編集委員会編『東京ブックマップ』（書籍情報社）
都立中央図書館編『図書館ナレッジガイドブック』（ひつじ書房）
内藤国夫『インタビュー入門』（みき書房）
『新聞記者として』（筑摩書房）
『私ならこう書く』（ごま書房）
永江朗『インタビュー術！』（講談社現代新書）
中野不二男『デスクトップの技術』（新潮選書）
新美康明・『RACK　ACE』編『編集長たちが語った。』（実業之日本社）
人間の科学の会編『ジャーナリストたちの履歴書』（現代新社）
花田達朗・ニューズラボ研究会編『実践ジャーナリスト養成講座』（平凡社）
花田達朗・廣井脩編『論争　いま、ジャーナリスト教育』（東京大学出版会）
原剛編『ジャーナリズムの方法』（早稲田大学出版部）

原尻英樹『フィールドワーク教育入門』(玉川大学出版部)
東山紘久『プロカウンセラーの聞く技術』(創元社)
藤井能成『取材の実際』(交鈴社発行・理想出版社発売)
藤村勝巳『話し言葉と書き言葉　テープ取材のテクニック』(廣松書店)
PLAYBOY日本版特別編集『PLAYBOY Interview Selected』(集英社)
本多勝一『職業としてのジャーナリスト』(朝日文庫)
『日本語の作文技術』(朝日文庫)
『ルポルタージュの方法』(朝日文庫)
本田靖春『我、拗ね者として生涯を閉ず』(上)(下)(講談社文庫)
御厨貴『オーラル・ヒストリー』(中公新書)
箕浦康子編『フィールドワークの技法と実際』(ミネルヴァ書房)
元木昌彦『日本のルールはすべて編集の現場に詰まっていた』(夏目書房)
『週刊誌編集長』(展望社)
森本哲郎『「私」のいる文章　発想・取材・表現』(ダイヤモンド社)
柳田邦夫『書き言葉のシエルパ』(晩聲社)
『ジャーナリズム読本』(青峰社)
柳田邦男『事実からの発想』(講談社)
『事実の時代に』(新潮社)
山形国際ドキュメンタリー映画祭東京事務局編『ドキュメンタリー映画は語る　作家インタビューの軌跡』(未來社)
山口瞳『江分利満氏大いに怒る』(新潮社)

山田ズーニー『伝わる・揺さぶる！文章を書く』（ＰＨＰ新書）
山根一眞『情報の仕事術』1〜3（日本経済新聞社）
吉岡忍＋古木杜恵グループ『フリーランス・ライターになる方法』（ＮＨＫ出版生活人新書）
吉村昭『戦艦武蔵ノート』（文春文庫）
早稲田大学人間科学部河西ゼミ編『学生に語るジャーナリストの仕事』（平原社）

※本書はインターネット新聞『日刊ベリタ』に連載された「野村進のジャーナリスト講座　ノンフィクションを書く」（二〇〇三年四月十六日号〜二〇〇八年四月二十一日号）を大幅に加筆・修正したものです。

講談社現代新書 1940

調《しら》べる技術《ぎじゅつ》・書《か》く技術《ぎじゅつ》

二〇〇八年四月二〇日第一刷発行　二〇一一年一二月二一日第七刷発行

著者　野村進《のむらすすむ》

発行者　鈴木 哲

発行所　株式会社講談社

東京都文京区音羽二丁目一二―二一　郵便番号一一二―八〇〇一

電話　出版部　〇三―五三九五―三五二一

販売部　〇三―五三九五―五八一七

業務部　〇三―五三九五―三六一五

装幀者　中島英樹

印刷所　凸版印刷株式会社

製本所　株式会社大進堂

定価はカバーに表示してあります　Printed in Japan

N.D.C. 816 254p 18cm
ISBN978-4-06-287940-8

「講談社現代新書」の刊行にあたって

教養は万人が身をもって養い創造すべきものであって、一部の専門家の占有物として、ただ一方的に人々の手もとに配布され伝達されうるものではありません。

しかし、不幸にしてわが国の現状では、教養の重要な養いとなるべき書物は、ほとんど講壇からの天下りや単なる解説に終始し、知識技術を真剣に希求する青少年・学生・一般民衆の根本的な疑問や興味は、けっして十分に答えられ、解きほぐされ、手引きされることがありません。万人の内奥から発した真正の教養への芽ばえが、こうして放置され、むなしく滅びさる運命にゆだねられているのです。

このことは、中・高校だけで教育をおわる人々の成長をはばんでいるだけでなく、大学に進んだり、インテリと目されたりする人々の精神力の健康さえもむしばみ、わが国の文化の実質をまことに脆弱なものにしています。単なる博識以上の根強い思索力・判断力、および確かな技術にささえられた教養を必要とする日本の将来にとって、これは真剣に憂慮されなければならない事態であるといわなければなりません。

わたしたちの「講談社現代新書」は、この事態の克服を意図して計画されたものです。これによってわたしたちは、講壇からの天下りでもなく、単なる解説書でもない、もっぱら万人の魂に生ずる初発的かつ根本的な問題をとらえ、掘り起こし、手引きし、しかも最新の知識への展望を万人に確立させる書物を、新しく世の中に送り出したいと念願しています。

わたしたちは、創業以来民衆を対象とする啓蒙の仕事に専心してきた講談社にとって、これこそもっともふさわしい課題であり、伝統ある出版社としての義務でもあると考えているのです。

一九六四年四月　野間省一